A LINGUISTIC APPROACH OF ECOLOGICAL GOVERNANCE

浙江省社科规划课题成果（19NDJC164YB）

生态治理的语言学路径探索

语言学路径探索

A Linguistic Approach of Ecological Governance

郭振伟 ——

著

浙江大学出版社 · 杭州
ZHEJIANG UNIVERSITY PRESS

图书在版编目(CIP)数据

生态治理的语言学路径探索 / 郭振伟著. —杭州：
浙江大学出版社，2022.8
ISBN 978-7-308-22891-6

Ⅰ. ①生… Ⅱ. ①郭… Ⅲ. ①语言学－生态学－研究
Ⅳ. ①H0-05

中国版本图书馆 CIP 数据核字(2022)第 138674 号

生态治理的语言学路径探索
SHENGTAI ZHILI DE YUYANXUE LUJING TANSUO

郭振伟 著

策划编辑	吴伟伟
责任编辑	陈 翩
责任校对	丁沛岚
责任印制	范洪法
封面设计	米 兰
出版发行	浙江大学出版社
	（杭州市天目山路 148 号 邮政编码 310007）
	（网址：http://www.zjupress.com）
排 版	杭州朝曦图文设计有限公司
印 刷	广东虎彩云印刷有限公司绍兴分公司
开 本	710mm×1000mm 1/16
印 张	16.5
字 数	230 千
版 印 次	2022 年 8 月第 1 版 2022 年 8 月第 1 次印刷
书 号	ISBN 978-7-308-22891-6
定 价	68.00 元

目　录

绪 论

第一节　研究缘由

一、人类世时代生态危机加剧

(一)各类显性与隐性生态问题频发

随着经济社会发展和工业化进程的加速，人类在全球范围内的影响日益深远。2000 年，诺贝尔化学奖获得者、荷兰大气化学家保罗·克鲁岑(Paul J. Crutzen)和美国生物学家尤金·施特默(Eugene F. Stoermer)首次将人的维度引入地球地质年代划分，提出"人类世"(Anthropocene)概念，指出人类已经从依赖自然变为主导地球进程的重要力量，社会发展、科技进步在给人类生活带来极大便利的同时，也给自然生态生态系统和社会人文系统带来严重的破坏，导致各种生态问题接踵而至。[1]

当前，世界各国生态问题普遍存在，生态危机的表现形式日益多元，主要呈现显性和隐性两种状态。显性危机表现为各种真实可感的生态问题，例如森林锐减、土地荒漠化、海洋污染、大气污染等加剧，气候异常、人口爆炸、资源枯竭、粮食危机等，人类赖以生存的生态环境持续恶化，多种动植物濒临灭绝，生物多样性锐减，这些危机与问题的存在已经威胁到人类的生存。与此同时，科技发展、社会文化变迁也带来多重隐患，我们可将其称为隐性生态危机，表现为思维、观念及言行的改变，也在间接但持续地对自然生态产生消极影响。人们利用先进科技更为肆意地改造自然而无视对生态

---

[1]　Crutzen P J, Stoermer E F. The Anthropocene[J]. Global Change Newsletter, 2000(41):17-18.

的消极影响,往往会在短时期内造成更严重的后果。因为危机原因的隐蔽性,这类现象并未引起人们的充分重视。这也是今后生态保护中要重视并解决的问题。

(二)对人与自然关系的错误认知造成生态危机

人类必须依赖自然界才能生存,要对自然资源善加利用。但在多数人看来,不从自然界获取资源就无法促进经济迅速发展和社会进步,向自然索取是天经地义的事情,自身的不当行为并不会对自然界造成多大影响。总之,人们通常不会考虑自身行为对自然累加的危害。因此,人类对自然界的错误认知导致大量非生态行为产生。

当今世界,人类已经成为主导地球发展的主要力量,其主体性意识空前膨胀,先进科技更强化了人类对自然的支配能力,"经济至上""增长主义"等观念也导致人们片面追求经济利益而不顾对自然的危害。就其本质而言,人类生态意识薄弱造成了各类生态问题产生,大多数人对于人与自然的关系缺乏长远眼光和危机意识。

二、生态泛化及生态语言学兴起

(一)生态泛化

在生态危机驱动下,生态学(ecology)这一研究生物与其环境(包括生物环境及非生物环境)之间相互作用的学科应运而生,人们开始用生态的眼光审视自我、看待世界,生态学观点及视角开始广泛应用于自然科学及人文社会科学。"生态"内涵得以拓展,从最初的生物生态、自然生态,延及语言生态、文化生态、社会生态、政治生态、经济生态等多个领域,生态概念的泛化对生态交叉学科的产生有巨大的推动作用。

(二)生态语言学兴起

语言是人类社会生活中最重要的活动,同样也在生态系统中发挥着举足轻重的作用。因此,语言与生态之间的关系探究自然成为生态泛化研究的重要议题。

全球生态危机的加剧迫使我们重新审视人与自然的关系,寻找生态问题的深层原因及有效的治理方法。生态问题不仅是政治问题、经济问题,也是语言问题、文化问题。英国著名语言学家韩礼德(Michael A. K. Halliday)指出,生态问题的解决"不仅属于生物学家和物理学家,也属于应用语言学家"①。生态语言学产生于 20 世纪 70 年代,是在全球生态危机驱动下发展起来的生态学与语言学交叉领域,始终致力于生态问题的解决,从语言视角审视生态,研究语言与生态相关的问题,旨在通过语言和语言研究重建人与自然的和谐关系。其基本观点为:语言系统是生态系统的重要组成部分,语言影响着我们对世界的认知,并通过影响人类的思维方式来影响其行为方式,语言文化多样性与生物多样性息息相关。语言对环境的作用具有两面性,一方面,语言能使人类认识到自然是可征服的事物,从而"诱使"人类对自然采取破坏性行为;另一方面,语言能够鼓励人们尊重、关爱和保护自身赖以生存的生态系统,通过构建生态有益性话语改善环境。生态语言学为解决生态问题开辟了一条技术以外的全新路径。

生态语言学旨在维护生态系统平衡和地球可持续发展,近年更呈现出与生态建设实践紧密结合的发展趋势。相关研究中,学者为深入探讨语言与生态的关系,广泛运用语言学其他领域和其他学科的多种理论与方法,来解决语言与自然环境、社会文化环境、认知心理环境中的生态问题。因此,

---

① Halliday M A K. New ways of meaning:The challenge to applied linguistics[J].
Journal of Applied Linguistics,1990(6):7-16.

国际生态语言学会会长阿伦·斯提布（Arran Stibbe）认为，生态语言学具备超学科性质，它善于融合多种学科理论与方法，进行生态与语言关系的研究。解决生态问题有多种途径，生态治理的语言学路径具有现实可行性。

三、我国生态语言学与生态治理结合的本土化趋势

生态文明建设已经成为我国新时代"五位一体"总体布局的重要内容。我国生态现状、社会背景、文化背景等都有其特殊性，要多领域、多维度合作，共同寻求合理的生态治理途径，积极探索生态治理的中国方案，以重建人与自然的和谐关系。从语言角度解决生态问题与我国生态文明建设"人与自然和谐共生"的目标高度一致，生态治理的语言学路径可以成为技术治理之外的另一条有效路径，可以在生态语言学本土化研究中实现与我国生态文明建设的融合。

（一）我国生态治理特殊性的必然要求

我国生态基本国情特殊，体现为：①地理环境独特，东西部差异悬殊，加剧了地区间生态不平衡；②环境容量有限，生态系统较为脆弱；③前期经济快速发展造成的污染重、风险高的生态环境状况没有根本扭转，生态治理任务十分艰巨。

我国经济社会发展阶段有其特殊性。进入社会主义新时代，我国经济已经由高速发展向高质量发展转变，既要充分考虑到我国目前经济发展的重要任务，又要坚持节约资源、保护环境的基本国策，正确处理经济发展与生态保护之间的关系，寻求适合我国国情的生态文明发展之路。

中国传统生态哲学对生态文明建设有重要作用。早在先秦时期，我国先贤就提出"天人合一""以人为本"等生态理念，倡导人们顺应自然、尊重自然、热爱自然，做到有节制地开发，适度利用自然资源。这类关于人与自然

和谐关系的理性认知在民众中影响深远,成为人们熟悉的生态认知结构,在生态文明建设中稍加点拨就能引导人们形成生态意识、建构科学的生态哲学观,必须充分加以利用,以推动生态文明建设实践。

(二)我国生态语言学与生态文明建设结合的本土化发展趋势

基于我国生态文明建设的特殊性,我国生态治理需要相应的中国方案,生态语言学方面的探索也是生态治理中国方案的重要组成部分。

1.生态语言学本土化是研究必然趋势

生态语言学在生态问题的驱动下产生,带有明显的问题导向和实践导向,始终致力于构建人与自然的和谐关系,是地道的务实法器。在考察语言与生态关系时,必须充分考虑不同国家和地区的语言与生态状况,只有本土化的研究路径,才能真正解决不同地域的生态问题,实现其学科价值。因此,我国生态语言学本土化研究必须与国家生态文明建设相结合,为生态治理提供富有中国特色的有效路径与方法。

2.我国生态问题的语言治理路径有其重要性与必然性

生态语言学家斯提布在第四届国际生态语言学大会上指出:在人类世背景下,言语行为是一个重要的生物和生态过程,该过程对维持生命的生态系统产生全球性影响;语言学与生态科学走到一起,具有使我们更好地理解语言和更好地理解生态的潜力;当前的学科任务是探究如何借助语言建设生态文明(building an ecocivilisation through language),以更好地服务当今社会。①

----

① 陈旸.生态语言学研究从这里走向世界:第四届生态语言学大会综述[J].中国外语,2020(1):104-111.

　　在我国,需要充分结合生态国情、特定社会制度和文化背景等条件,有效利用中国传统生态哲学,引导人们建构"和谐"生态哲学观,重建人与自然的正确认知,从思想根源上改变落后观念;从生态话语分析入手,发现日常生活中的非生态语言表征和生态语言表征,引导人们建构生态话语;进行生态教育、提升民众生态素养,也应该从语言入手,引导人们增强生态意识、积极投身社会主义生态文明建设。语言生态治理之路有其必然性。

第二节　理论依据与可行性

一、基本生态观

(一)语言与生态的关系

语言是人类对客观世界认知的产物,反映了人与自然之间的关系,也会影响到现实中人们对环境问题的处理。

1. 语言与所处的环境密切相关

语言的环境包括社会环境、心理环境和自然环境等多种意义。20 世纪 70 年代,美国语言学家艾纳·豪根(Einar Haugen)提出"语言生态"(language ecology)概念,认为语言生态研究的是"任何给定语言与其环境的相互作用"①。此处"环境"隐喻语言的社会环境,也指多语言交流时说话者的心理环境。1990 年,英国语言学家韩礼德强调,语言对环境有着重要的影响与作用。② 这里的"环境"指的就是自然环境,揭示出语言与自然生态之间的直接关系。

因此,生态语言学考察语言与生态的关系时,语言的自然环境、心理环境及社会环境都是研究对象,从而也形成不同的研究路向。

---

① Haugen E. The ecology of language[G]//Dil A S. The Ecology of Language: Essays by Einar Haugen. Stanford:Stanford University Press,1972:325-339.

② Halliday M A K. New ways of meaning:The challenge to applied linguistics[J]. Journal of Applied Linguistics,1990(6):7-16.

2.语言系统是生态系统的重要组成部分

语言作为生态系统的一部分,对生态环境的恶化负有责任。随着人们对"环境"认知的深化,人们对"生态系统"的认知也从自然生态延伸至社会生态及其他领域。人们认识到人类及人类社会也是生态系统的一部分,并形成全新的语言观。新的语言观强调语言与生态环境之间存在互动关系。

(二)语言与生态环境之间的互动性

在语言与生态的互动关系中,语言具有主动建构性,是干预社会的手段。因此,言语行为在生态建设中具有十分重要的作用,可以利用语言来发现、分析和解决生态问题,评估生态现状,促进生态和谐发展。语言研究者不仅要关注语言系统,更应该强化社会责任感,关注整个生态系统的健康发展和生态文明建设实践,并通过构建生态话语促进自然生态的健康发展,形成人与自然关系的科学认知,引导人们充分认识人类在生态保护中的主体作用,以培养生态伦理和生态责任感,完成生态建设主体的生态身份构建。在语言使用中真正体现对自然与生态的关爱,有利于生态意识的形成与传播,推动生态环境的保护。

(三)语言多样性与生物多样性密切相关

相关研究已充分证明,多样性程度高的生态系统具有更高的稳定性与和谐性,因此,保持语言的多样性和语言生态系统的和谐平衡是维护生物多样性的有效手段。语言的多样性是客观存在,是世界多样性的重要特征,不同民族、国家在不同历史时期、在具备不同生物特征的地区形成了风格各异的语言。语言生态观认为,应该把语言及其环境视为一个开放的生态系统,重视语言多样性对人类生存与发展的作用。

二、理论契合

（一）中国语境下生态语言学发展趋势与我国社会生态文明建设相契合

目前，国际生态语言学研究已经呈现出与生态文明建设结合的发展趋势，在借助语言建设生态文明、解决生态问题方面已经达成普遍共识，也都尤为注重社会生态文化体系构建。人类世背景下，语言学与生态科学可以高度契合。生态语言学家斯提布认为，社会文化力量和认知影响着人类行为，因而对与语言相互作用的生物生态产生影响，如法律条文等影响人类对生态系统的态度，从而影响到自然生态。① 语言、文化、行为等社会生态要素会作用于生态环境。我国的生态语言学家黄国文、何伟等也同样强调语言对人类社会以及自然环境具有双重影响。事实证明，积极的生态语言表述能够重塑固有概念在人脑中的认知，帮助人们形成正确的生态观，从而达到保护生态、解决生态问题的目的。语言塑造了人类的思维模式，它可以通过影响人类的思维方式进而影响其行为，也会驱使人类破坏或保护赖以生存的生态系统。因此，生态语言学关注导致生态危机的深层社会文化因素，探究社会文化力量及认知如何影响人们的言语行为，进而对自然生态造成影响。生态语言学研究旨在推动生态文明建设中生态思维和精神的完善，推动文化转型，实现生态建设从精神自觉到行为自觉的转变。

与此同时，语言生态平衡是生态系统平衡的组成部分。在我国社会主义生态文明建设中，语言文化生态和谐与多样性是构建社会生态文化体系的重要内容，要充分重视语言生态平衡与语言文化生态保护。

---

① Stibbe A. Ecolinguistics: Language Ecology and the Stories We Live by[M]. London: Taylor and Francis, 2015: 25.

（二）目标、体系与方法的宏观契合

在我国，社会主义生态文明建设与生态语言学本土化研究目标一致，都可以借助语言解决生态问题，在理论体系和方法路径方面契合。

问题导向和实践导向契合。生态语言学研究在全球生态危机日益严重的背景下形成，发展之初即以解决生态问题为导向，从语言角度积极探索解决现实生态问题的全新路径。这与我国生态文明建设致力于解决新时代新领域的生态问题、破解生态困境的问题导向和实践导向相一致。

研究目标、自然观、发展观相似。生态语言学以语言与生态的关系为研究对象，善于借鉴不同学科的理论，融合多种方法开展研究，涉及语言、文化、社会、历史、民族、哲学、政治、经济等多个领域。这与我国生态文明建设中强调的多学科多领域共同解决重大生态问题的思路契合：都追求人与自然和谐共生的根本目标，反对片面强调对自然的技术治理，而主张将生态环境保护作为人与自然共同发展中的重要一环，旨在构建人与自然和谐的生命共同体。

三、可行性

（一）生态语言学为生态文明建设服务的必然趋势

从语言研究着手解决生态问题的路径具备可行性。语言能够主动创建现实，对生态系统产生积极和消极双重影响。因此，生态语言学需要研究人类的言语行为在生态保护中的作用，以更好地服务于我们所处的时代，实现生态文化转型。

目前，国际生态语言学研究更注重现实导向，主要体现为：全力推动语言规划，相关研究为国家语言立法及语言规划提供理论依据，依靠刚性措施

维护语言与文化的多样性,进而促进生态环境的发展;推进生态话语构建,综合多种力量、采用软性及弹性措施推动生态话语构建,例如从认知语言学角度构建生态话语,影响人们的认知,使人们形成普遍的生态意识,从而更好地进行生态治理。

在我国,生态语言学研究和社会主义生态文明建设都致力于解决现有的生态问题,有共同的发展趋向,今后必将走向融合。我国生态语言学的本土化发展,更应该与国家生态文明建设和美丽中国建设相结合,注重本土化研究路径与理论建构。必须充分认识到,我国经济发展的迫切需求也带来了较严重的生态问题,环境恶化、资源匮乏、动植物濒危、语言濒危、方言变异等问题同样存在,中国语境下生态语言学研究更具有必要性和紧迫性。研究过程中,还应充分认识到,我国与西方国家的发展阶段不同、社会历史背景不同、自然环境不同,不能照搬西方模式解决中国问题,要考虑新时代人民对美好生活环境的迫切要求和社会文化特征,紧密结合我国社会主义生态文明建设实际,寻求具有中国特色的生态问题解决途径。这也是生态语言学研究本土化要重点解决的问题。

(二)理论目标的契合使生态治理的语言学路径具有可行性

生态语言学和我国生态文明建设都呼应了人类世时代生态可持续发展的需求,对人在自然界中的地位进行科学定位与阐释,致力于构建人与自然的和谐关系,具有鲜明的生态导向;都主张摒弃"经济至上""增长主义""人类中心主义"等错误观念与思想,探索形成生态危机的深层社会原因和思想文化原因,帮助人们形成科学生态观。

党的十八大以来,生态文明建设成为中国特色社会主义建设事业的新构成,形成一系列基于我国生态现状、能够统筹经济社会发展与生态环境保护的新思想、新观念和新论断,构成经过生态建设实践检验的成熟思想理论体系,也为其他社会学科解决生态问题、推进本土化研究提供了有益借鉴。

而生态语言学经过近 50 年的发展,已经在世界范围内呈现出与生态建设结合、为生态实践服务的发展趋势。在中国语境下,国内的生态语言学本土化研究也与和谐社会构建具有诸多共通之处,在相似的自然观和生态观基础上共同致力于生态保护、追求人与自然的和谐发展。

将生态语言学研究与我国社会主义生态文明建设相融合,有助于打破学科壁垒、拓展彼此范围,形成合力,共同解决生态问题。我国社会主义生态文明建设中出现的新情况、新问题,能够引导中国语境下的生态语言学研究的基本思路,拓展为生态文明建设服务的应用研究。而从生态语言学角度考察生态文明建设,尤其有助于解决社会主义生态文化体系构建中的问题,方便与同样致力于解决生态危机的其他学科研究加强沟通联系,共同加强重大问题研究。这对于广开路径寻求解决生态危机的方法有重要意义,能够为我国生态文明建设的国家战略制定提供有力参考。

(三)生态语言学研究成果与我国生态文明实践成果相佐证

我国生态语言学本土化研究成果已经为我们从语言学角度解决生态问题、构建和谐社会提供了科学的范式和方法。比如,2016 年黄国文就提出中国语境下生态语言学可以采用"和谐话语分析"研究路径,借助儒家文化的"和谐"元素进行新时代的生态解读,突出了语言使用在解决生态问题中的重要价值;何伟等针对国际生态系统生态话语构建进行探索,提出更为普适的生态话语构建原则。此外,我国学者提出的"生态人"培养、生态素养教育等研究成果,在我国社会主义生态文明建设中已产生明显的实效。同时,近年来我国社会主义生态文明建设的成功经验与现实成果,也为生态语言学本土化研究提供了有力的佐证,使生态治理的语言学路径更具可行性。

第三节 研究路向与主要观点

一、研究路向

生态语言学具有超学科性质，可以融合自然科学和社会科学的多种方法进行研究。本书力求多维度解决生态问题，将综合生态语言学、系统功能语言学、认知语言学等方法，融合社会学、文化学、哲学等多学科知识进行研究，总结生态话语构建的原则与方法，引导人们建构"和谐"生态哲学观，采用非隐喻范式进行中国特色生态素养教育路径的探索，培养作为我国社会主义生态文明建设主体的"生态人"。

研究中坚持问题导向和实践导向，致力于在中国语境下，从语言角度探究生态治理的有效路径，始终坚持服务于我国生态文明建设的实践导向，积极寻求以语言学路径进行生态治理的中国方案。

研究中重视语言的主动建构性，从语言层面剖析生态危机产生的思想根源，总结生态话语的构建原则与方法，重视生态哲学观对生态思想与言行的影响。从纠正落后的思想认识入手，培养人们对生态的科学认知和价值观体系，进而在科学生态哲学观指导下主动选择生态语言来解释、调整、建构并维持语言与生态的和谐关系，采用可持续的方式对待自然、解决生态危机。

二、主要观点

(一)生态危机的深层原因在于对人与自然关系的错误认知

人类在生态系统中不正确的定位与身份构建造成对人与生态关系的错误认知,导致生态危机的产生。研究和解决生态问题的基础是正确认识非人类存在(以非人类动物为代表)在生态系统中的角色以及与人类之间的关系,不再以人类利益作为生态保护的出发点和落脚点,不再将生态系统中其他要素物化为货币价值以凸显人类在自然界中的主导性,摈弃人与自然"二元对立"的落后思想意识,去除贪婪、自私和对自然的冷漠,培养生态意识和生态思维,培养追求"人与自然和谐共生"目标、自觉践行生态言行的"生态人",全面提升生态建设主体的生态自觉意识和生态伦理素养。

(二)建构"和谐"生态哲学观

生态哲学观是人们在生态实践中形成的思想认知体系,涉及个体与自然关系的认知和个体所秉持的生态价值观念体系。和谐、科学的生态哲学观能够深刻影响主体的生态言语和行为,为培养民众生态意识、提升生态素养提供根本性方法。在我国新时代社会主义生态文明建设中,培育全体公民的生态文明新理念是行动先导和重要着力点,要以构建社会群体的"和谐"生态哲学观为目标,通过生态话语传播生态知识与理念,开展社会性生态教育,转变民众的落后思想观念,倡导树立尊重自然、顺应自然、保护自然的生态文明观,尊重自然环境的内在价值,使生态文明理念成为人格特质。由此实现个人生态哲学观向群体生态哲学观的演进,从而拓展生态哲学观的作用范围,推动全社会实施生态保护,实现人类与自然环境的协同发展。

(三)构建生态话语,实施生态言行

本书采用生态语言学非隐喻范式,在"和谐"生态哲学观指导下,对适合中国语境的生态话语分析原则和方法进行阐释,剖析语法结构、生态词语、隐喻表达等生态语言表征的生态取向和作用机制,使人们认识到生态有益性话语对实践的积极作用,从而引导其主动构建生态话语,在认识语言与生态的密切关系的基础上,充分发挥语言对生态现实的主动建构性,实施生态言行。

(四)培养中国特色的生态建设主体"生态人"

要实现人与自然的和谐共生,就必须重视人性的自我完善,充分发挥人类的主观能动性。因此,生态文明建设与公民生态素养提升具有内在耦合性。公民的生态文化素养代表着生态文明建设的水平。在我国,作为新时代生态文明建设主体的"生态人",应该是生态性、社会性和主体性的有机统一体,拥有对自然界、对生态系统中其他要素和对待他人三个维度构成的"和谐"生态哲学观,具有对自然的同化认知和积极情感,善待自然、关爱生命、懂得感恩,追求人与自然的和谐共生;应以构建社会主义和谐社会为己任,充分发挥主观能动性,不断强化自我完善的内驱力和推动社会可持续发展的需求。在"生态人"的培养过程中,可以通过"反思—教育—培养—强化"的生态素养教育路径,使人们主动接受先进文化思想、接受生态教育,形成生态意识和生态思维,以生态言语和行动推动社会可持续发展。

(五)多种途径提升民众生态素养

本书提出,可以通过语言外的途径,从社会层面完善民众参与生态教育的路径,形成"政府主导方向、主流媒体宣传、文化教育强化、社会民众传播"这一多方联动的生态教育体系,积极拓展户外生态教育平台,革新生态可持

续教育形式,引导人们在生态体验中增长生态知识、提升生态素养,形成科学的自然观。同时,通过生态语言学研究,总结生态话语构建的原则和途径,引导人们在现实生活中构建生态言语和生态主流话语体系,形成生态文化氛围和生态意识形态,使人们在潜移默化中接受生态教育,实践生态行为。总的来说,就是积极创设生态文化环境、提升生态知识素养,培养生态社会责任、提升生态伦理素养,重视实现道德内化、形成生态情感素养,发挥主观能动性、践行科学行动观,做到"知行合一",多措并举提升全体公民的生态行为素养,为生态治理提供人力保障和思想保障,推动生态可持续发展。

第一章

生态语言学国外研究综述

第一节　生态语言学概述

一、生态语言学产生

生态语言学是 20 世纪 70 年代出现的一门新兴学科,是生态学与语言学结合的交叉领域,主要研究语言与生态相关问题。国际生态语言学会创始人斯提布认为,生态失衡是生态语言学产生的直接动因。

随着人类生存环境的持续恶化,对生态问题的关注与日俱增,不少学者已经开始探讨语言与生态的关系问题。20 世纪 70 年代以来,西方经济在高速发展后进入衰退期,严重的甚至出现经济危机。急剧的社会变化开始引发人文学者的反思,生态与社会、文化、语言之间的关系逐渐被揭示,人们发现,经济快速发展带来了自然环境的破坏和毁灭性的危机。

时至今日,生态问题已经成为一个"关系到人类生死存亡的问题"①。因此,以解决生态问题为宗旨的生态语言学研究范式具有重要的现实意义。

早期的语言学研究中,就有不少关于语言多样性及语言与环境之间关系的思考,这为生态语言学兴起与发展奠定了基础。20 世纪 70 年代,美国哈佛大学语言学家豪根明确提出"语言生态"概念。生态语言学研究由此展开,前期主要关注语言中的非生态因素及生态模式。之后,著名语言学家韩礼德也展开语言与生态关系研究,主要采用批评话语分析模式,力求促进话语重构。生态语言学研究从此展开,形成"豪根范式"(Haugenian Dogma)和

---

① Trampe W. Language and ecological crisis: Extracts from a dictionary of industrial agriculture[G]//Fill A, Mühlhaüsler P. The Ecolinguistics Reader: Language, Ecology and Environment. London and New York: Continuum, 2001: 232-240.

"韩礼德范式"(Hallidayan Dogma)两大研究范式,生态语言学学科产生。

随着生态语言学研究的逐步深入,其应用领域也不断拓展,研究所涉及的地域持续扩大。作为一门交叉学科,生态语言学研究善于吸收多种学科理论,研究范式在多学科交叉共融中日趋多元,在全球生态危机背景下,生态语言学研究呈现出一派生机勃勃的景象。但也有学者认为,生态语言学作为一门新兴学科,仍存在研究对象较模糊、研究方法不系统、研究范围不明确等问题。① 斯提布也指出,严格来说,生态语言学还没有形成完全独立的学科。

因此,作为一门新兴交叉学科,生态语言学有待学界进一步探索,并沿着以生态问题为导向的思路加强现实应用研究。

二、生态语言学基本概念

(一)生态语言学

顾名思义,生态语言学是"语言学"和"生态学"形成的交叉学科,其定义一直有多种说法。

1.广义定义

苏内·斯特芬森(Sune Steffensen)以及著名生态语言学家、公认的生态语言学奠基人、奥地利格拉茨大学教授阿尔温·菲尔(Alwin Fill)等认为,生态语言学是"自然化语言科学"(a naturalised science of language),研究包括人类在内的生态系统。只要与语言有关的事物,都属于生态语言学研究的范围。②

---

① 何伟,高然.生态语言学研究综观[J].浙江外国语学院学报,2019(1):1-12.

② Steffensen S,Fill A. Ecolinguistics:The state of the art and future horizons[J]. Language Sciences,2014(3):6-25.

2.狭义定义

著名生态语言学家、国际生态语言学会现任召集人斯提布从实际应用出发,认为生态语言学研究语言与各种形式的互动,比如说通过分析语言来揭示人与自然、人与其他生命体的关系,根据某种生态哲学观判断话语的生态性质以区分不同类型的话语,相关研究将引向保护生命的可持续性。①

菲尔认同斯提布的定义,并引用这一定义作为其生态语言学名作《劳特利奇生态语言学手册》"前言"的开头语。②

3.通用说法

2018 年,国际生态语言学会对"生态语言学"给出了定义:生态语言学旨在探索人与人、人与其他物种以及与环境的生命可持续发展互动中语言的作用。在此基础上提出学科研究目标:①研究人是社会的组成部分,同时也是生命赖以生存的生态系统之组成部分的语言学理论;②展示语言学怎样用于探讨核心的生态问题,包括气候变化、生物多样性流失和人类福祉与环境正义的问题。

(二)环境

对"环境"定义的解读是生态语言学研究中的关键问题,决定了学科研究对象、研究范围以及相应的研究方法,能够体现生态语言学的基本语言观。生态语言学集中研究语言与其环境间的关系,但学界对"语言环境"也一直持有不同理解,需要特别重视。

---

① Stibbe A. Ecolinguistics:Language, Ecology and the Stories We Live by[M]. London:Routledge,2005:1.

② 黄国文.微观生态语言学与宏观生态语言学[J].外国语言文学,2018(5):460-471.

1. 语言的社会环境

20 世纪 50 年代,英国和美国的多位学者使用"语言的生态"(linguistic ecology)这一说法,研究语言变异与多语言接触现象,把语言的环境仅限定于社会文化层面,由此展开语言与生态关系的研究。

2. 语言的社会环境和心理环境

20 世纪 70 年代,美籍挪威语言学家豪根正式提出"语言生态"(language ecology)概念,并认为语言生态研究的是"任何给定语言与其环境的相互作用"①。此处的"环境"有隐喻义,既指语言的社会环境,也指多语言交流时说话者的心理环境。"环境"概念的内涵拓展对确定生态语言学的研究对象和研究范围有重要的指导作用。

3. 语言的自然环境

著名系统功能语言学家韩礼德对"环境"一词进行重新阐释,进一步开阔了生态语言学研究视野。1990 年,他在国际应用语言学大会上的发言中强调语言对环境有着重要的影响与作用。② 这里的"环境"指的就是自然环境,是非隐喻的。韩礼德明确揭示出语言与自然生态之间的直接关系,对拓展生态认知有重要作用。

对"环境"的不同理解引领了生态语言学不同的研究方向、学科理论与研究方法。豪根的隐喻范式历来重视语言的社会环境和价值功能,关注语言多样性与语言规划;韩礼德的非隐喻范式更多地进行语言与自然生态关

① Haugen E. The ecology of language[G]//Dil A S. The Ecology of Language: Essays by Einar Haugen. Stanford: Stanford University Press, 1972: 325-339.

② Halliday M A K. New ways of meaning: The challenge to applied linguistics[J]. Journal of Applied Linguistics, 1990(6): 7-16.

系的研究。

对"语言环境"的多维度解读,也使生态语言学呈现出多种研究路径。斯特芬森和菲尔将其区分为语言符号生态(the symbolic ecology of language)研究、语言自然生态(the natural ecology of language)研究、语言社会文化生态(the sociocultural ecology of language)研究、语言认知生态(the cognitive ecology of language)研究。①

(三)生态系统

"环境"内涵的丰富性也影响到研究者对"生态系统"认知的拓展。

随着生态语言学研究的深入和对"环境"认知的深化,人们对"生态系统"的认知不再局限于自然生态,而是延伸至社会生态及其他领域,认识到人类及人类社会也是生态系统的一部分,由此形成全新的语言观,即语言系统是生态系统的重要组成部分,语言与生态环境之间存在互动关系。这一认知的拓展,为生态研究、语言学研究提供了全新视角,具有十分重要的进步意义和现实意义。

三、学科理论架构

(一)生态语言学基本语言观

语言与生态环境之间存在互动关系。生态语言学旨在"研究语言在生态环境问题的产生中所扮演的角色以及运用语言解决这些问题的可能途径"②,即语言不仅是对客观世界的反映,而且能够对非自然生态系统产生影响,语

---

① Steffensen S,Fill A. Ecolinguistics:The state of the art and future horizons[J]. Language Sciences,2014(3):6-25.

② Fill A. Ecolinguistics:States of the art[G]//Fill A,Mühlhaüsler P. The Ecolinguistics Reader:Language,Ecology and Environment. London:Continuum,2001:43-53.

言与生态之间有密切联系。

因此,生态语言学要重点关注语言所处的生态环境,分析不同语言在生态环境中所起的作用以及语言如何作用于环境,致力于语言反作用于环境的研究。在此基础上,探索如何使语言对自然生态系统产生积极影响,如何通过语言建构良好的社会生态、解决生态问题等。

这种生态问题的语言学维度的研究,为解决现实生态问题提供了新的途径。

(二)研究的主要路向

目前的生态语言学研究主要体现为以下两个维度、两种路向。

1.语言生态相关研究

此类研究基于"语言是生态系统的组成部分"的基本认知,关注世界语言的生存发展状态,是生态语言学传统研究领域,也被称为"语言的生态学"。研究重点为濒危语言及其保护、语言多样性及与生物多样性的关系、语言变化与变异、语言政策与规划等方面,探究语言与社会、文化及自然环境之间的关系。

在当今全球经济一体化的发展趋势下,濒危语言和方言的保护、语言生态系统危机等问题的解决日益紧迫,维护语言和文化多样性的需求日益明显,因此这类研究目前仍受到广泛关注。

2.生态环境语言研究

此类研究又被称为"环境的语言学",它基于"语言与生态环境之间形成互动关系"的生态语言学认知,研究语言如何作用于生态环境及产生的双重影响,探讨语言学家应该如何担负起生态"社会责任"、解决生态问题。

此类研究多在生态语言学视域下,借鉴话语批评方法对生态类型语篇进行文本分析,找出可能对生态环境造成消极影响的话语表达,尝试通过变革语言系统和语言使用,使语言能在生态系统中发挥积极作用,建构生态语法、绿色语法、生态话语,以语言使用影响人们的生态意识,进而影响其行为,最终在根本上解决生态问题。

(三)生态语言学的超学科性

1.尚未完善学科理论体系

生态语言学研究兴起时间不长,在概念、术语、研究范围、研究内容和研究方法等方面还没有统一明确的说法。生态语言学代表人物斯提布认为,目前生态语言学尚无严谨、专门的理论体系,严格来说"还不是一门独立学科",但它聚焦于语言及相关事物,广泛涉及语言学、经济学、环境科学、宗教、心理学、哲学等各个领域,因而是超学科的。①

2.融合多种学科理论与方法

作为一门自然科学与人文科学交叉的新兴学科,在以往的生态语言学研究中,不同学科背景的学者融合多种学科理论和方法,如系统功能语言学、认知语言学、多模态话语分析、评价理论、身份识别理论等都是常用的生态语言学研究理论。例如韩礼德首先运用系统功能理论进行生态语言学研究,并引入批评话语分析方法进行语篇的生态话语批评,探索在语言与生态环境互动过程中语言所起的作用;斯提布进一步引入认知语言学理论与方法,在生态语言学理论框架下,使用认知隐喻理论和框架理论等对生态相关语料进行话语分析,揭示其语言学手段与视觉手段的生态特征所掩盖的非生态事实,在此基础上提出生态话语建议,敦促相应的生态治理行动。

---

① 何伟,魏榕.生态语言学的超学科发展:阿伦·斯提布教授访谈录[J].外语研究,2018(2):22-26.

　　近年来的相关研究还运用了社会语言学、语料库语言学、现象学、人种学等理论与方法,充分体现了生态语言学的超学科属性。随着社会对生态问题重视程度的提升,将会有越来越多的语言现象与生态问题相联系,学科理论和分析工具都将不断完善,共同目标则是融合各学科理论来分析语料和促进生态行动,解决实际的语言生态问题,以推动学科进一步发展。

　　总的来说,尽管生态语言学形成时间较短,作为一门独立学科应该具备的理论体系仍不完善,但其超学科的性质十分明显,在解决生态问题中必然融合多种学科理论和研究范式,并进一步与生态现实相结合,对构建生态系统可持续发展模式做出理论回应。

第二节　国外生态语言学发展历程

生态语言学学科诞生于 20 世纪 70 年代,为呼应解决日益严重的生态危机而产生。在此之前很长一段时期,已经有不少研究者关注到生态问题,对语言与生态的关系进行探讨。

一、萌芽阶段:关注语言与自然生物的密切关系

(一)语言与生物的关系

将语言与生态联系,是语言研究与生态研究的共同突破,它引发了对语言与生态问题的积极探讨。在这一过程中,语言与生态关系的研究逐渐走向自觉,语言与生态关系的揭示成为必然。

早在 18 世纪,就有语言学家开始关注语言与自然生物的密切关系。德国语言学家威廉·冯·洪堡特(Wilhelm von Humboldt)首先关注了"语言和环境"问题,他观察并描述了语言多样化现象,发现语言的多样性与生物物种的多样性之间具有相似点,因此认为语言也具有有机生命的本性。这为语言与生物的类比奠定了基础。

(二)语言是有机体

随着自然科学的发展,有语言学家开始将生物学理论与方法运用到语言研究中。1863 年,德国语言学家奥古斯特·施莱歇尔(August Schleicher)将达尔文进化论用于语言历史研究,指出语言也是有机体,与自然有机体类似,其发展过程与生物的进化过程几乎相同,要经历生、长、老、死的生命过

程。在此基础上,施莱歇尔开始采用生物学方法探索不同语言间的亲属关系,绘制出语言谱系图,揭示了语言系统的生态规律。

二、初始阶段:"生态学"概念在语言研究领域应用

在这一阶段,越来越多的语言研究者开始探究语言与环境的关系,除德国的洪堡特外,美国的爱德华·萨丕尔(Edward Sapir)、英国著名语言学家勃洛尼斯拉夫·马林诺夫斯基(Bronislaw Malinowski)和伦敦学派的奠基人约翰·弗斯(John R. Firth)等著名语言学家都有相关论述[①],为生态语言学研究奠定了基础。

(一)"生态学"概念的提出

1866 年,德国生物学家艾伦斯特·赫克尔(Ernst Haeckel)提出"生态学"概念,进行生物体与其周围环境的相互关系研究。自此,生态学概念逐渐从生物学研究领域扩散至多个社会科学领域,并广泛应用,生态概念得以泛化。人们也越来越重视生态在社会发展中的重要地位,由此还催生了诸多与生态相关的科学领域。

(二)将语言放进地理和社会环境中考察

随着全球性生态危机的加剧,以及生态相关研究的进一步拓展,一些语言学家开始将生态学概念引入语言学研究,进一步拓展了语言学研究视野。

1921 年,美国语言学家萨丕尔在其经典著作《语言论》中,以社会及地理大环境为背景考察语言,并从人类学、文化语言学的角度,对语言结构、词义和音位系统等与社会、地域环境之间的关系进行了详细论述。这种研究跳

---

① 黄国文,赵蕊华.生态话语分析的缘起、目标、原则与方法[J].现代外语,2017 (5):1-11.

出了语言本体研究的范畴,将语言与更广阔的社会环境、地域环境相联系,从而打开了语言研究的视野,也明确了生态语言学研究的大方向。萨丕尔也成为语言生态理论的开拓者。

此外,英国学者约翰·特里姆(John Trim)与美国语言学家及人类学家埃里克·沃格林(Eric Voegelin)等人先后使用"语言的生态"(linguistic ecology)概念,把语言的环境限定在社会文化层面,考察语言变异与多语言接触现象①,进一步拓展了语言与生态研究的范围。

(三)揭示语言与生态的密切关系

20 世纪 50 年代,美国著名语言学家艾弗拉姆·诺姆·乔姆斯基(Avram Noam Chomsky)也对语言与生态的关系予以关注。他创新性地运用转换生成语法,对人类语言能力形成的生态原理进行了详细阐释,引起广泛关注,对语言生态研究产生了显著影响。

作为发展的初始阶段,这一时期的生态学概念在语言研究领域得以泛化,研究者不再简单借用其他学科概念来类比或隐喻语言与生态的关系,而是明确了语言与生态之间的确存在密切关联,并尝试使用多种途径、运用多种理论,有意识地对语言与生态的关系及二者的相互作用进行描写和解释,这些研究为生态语言学两种经典研究范式的出现奠定了基础。

三、形成阶段:生态语言学交叉学科初步形成

(一)生态学泛化形成多个交叉学科

随着生态危机持续恶化和西方经济进入衰退期,人文学科开始对生态危机产生的根源进行反思,由此出现众多成果与突破。

---

① 张琳,黄国文.语言自然生态研究:源起与发展[J].外语教学,2019(1):26-31.

20世纪70年代,生态学发展呈现泛化特征,表现在生态学与其他诸多社会科学结合产生交叉研究领域,经济生态学、人类生态学、城市生态学、教育生态学、生态美学、生态文学、生态翻译学等跨学科研究层出不穷,对生态的关注和研究已经成为一个泛学科的议题。这是时代发展的产物,也是学科发展的必然趋势。这一泛化趋势也影响到语言学领域。此时,语言与生态关系的相关研究在继续深入,影响不断扩大,生态语言学学科的形成条件已趋于成熟。

(二)"语言生态"隐喻被广泛接受

这一阶段,美国语言学家、斯坦福大学教授豪根引领了语言学科的生态转向,成为学科发展的关键人物。

生态危机引发豪根对濒危语言和语言多样性的特别关注,他在此前学者对语言与生态关系的探究的基础上,用类比的方法对语言系统所在的社会环境与生物系统所在的自然环境加以分析,借用生态学理论研究语言问题,取得了丰硕的成果。1972年,豪根首次提出"语言的生态"(ecology of language)这一概念,将其定义为"研究任何特定语言与环境之间的相互作用关系"[①]。

此后,"语言生态"这一隐喻说法被广泛接受,成为生态语言学基本概念,指特定语言与其所处的社会环境(即政治、经济、文化、地域、族群等)相互联系、相互影响、相互依赖的生存、发展、变化状态。豪根的研究方式被称为"隐喻范式",得到广泛关注并应用于语言学研究,成为生态语言学研究的基本路径之一。其后的几十年,语言生态相关研究迅速发展,成为语言应用研究的崭新领域。

---

① Einar H. The ecology of language[G]//Dil A S. The Ecology of Language:Essays by Einar Haugen. Stanford:Stanford University Press,1972:325-339.

（三）对语言与环境之间关系的认知进一步发展

韩礼德是生态语言学学科发展中的另一关键人物，他提出语言是生态系统的重要组成部分，开辟了生态语言学研究的另一基本路径。

20 世纪 80 年代，全球生态危机加剧，语言学家也开始积极尝试从语言角度探究生态危机的原因与解决途径。1990 年，英国著名语言学家韩礼德在国际应用语言学大会上作主题发言，强调了语言与自然界的生物生长状况、种类特性以及物种形成之间的关系。[1] 其观点跳出"语言生态"隐喻范畴，促使人们不再把语言与环境看作截然不同的事物而隐喻地看待二者关系，而是把语言作为生态环境问题的组成部分加以考察，采用话语分析方法对非生态的语言使用进行研究，揭示语言系统中"人类中心主义""增长主义""经济至上"等非生态语言表达对生态环境恶化的影响，强调语言在改善或解决生态环境问题中可能的作用，重点研究语言与环境的互动。

韩礼德对语言与生态关系的全新认知，开辟了不同于豪根隐喻地研究语言与生态关系的新路径，形成语言与生态关系研究的韩礼德范式，即把生态环境的恶化与改善同语言直接关联并加以验证。这种研究也被称为"非隐喻范式"，其理论与方法很快在相关研究中拓展，形成了"生态语言学"（Ecolinguistics）的学说和理论。

此后，"语言与生态""语言与环境"成为应用语言学的主要议题，生态伦理视角的语言批评性分析备受关注，韩礼德所倡导的研究范式广泛展开。学者对不同类型的语篇进行分析，旨在揭示隐藏在语言各层面的不利于生态环境健康发展的"人类中心主义""增长主义""等级主义""消费主义"等不良思想。

———————

① Halliday M A K. New ways of meaning：The challenge to applied linguistics[J]. Journal of Applied Linguistics，1990(6)：7-16.

（四）生态语言学学科初步形成

经过几十年的发展，"语言生态"概念形成，生态语言学有了自己的名称，也有了逐渐明确的研究对象与研究范围，具备两种不同的研究范式和路径。著名生态语言学家菲尔将其总结为"语言生态学"和"生态语言学"两种进路，分别称之为豪根范式和韩礼德范式。① 概言之，生态语言学是以语言与生态的关系为研究对象，探究语言在生态环境平衡及解决生态问题上所起的作用，力求以语言研究分析达到"生态平衡"的非语言研究目的。

一个独立学科通常具备三个基本要素：拥有独立的研究对象或研究领域；具备严谨逻辑的理论体系或知识体系；拥有科学的方法论。② 从这些方面来看，生态语言学学科至此已经初步形成。

四、发展阶段：以语言研究达到解决生态问题的非语言目的

在豪根范式和韩礼德范式两大研究路径的影响下，生态语言学的研究对象及范围逐渐明朗，语言与生态关系方面的研究日益丰富，生态语言学家从引领语言学转而关注人类活动的外部生态领域，将语言学研究与生态现实紧密结合在一起。

（一）关注语言现实使用

菲尔等认为，应关注人们在现实中使用语言的情况，不能忽略他们所活动的外部生态领域。③ 生态语言学研究由此引向更明确的道路。

---

① Fill A. Ecolinguistics:States of the art[G]//Fill A,Mühlhaüsler P. The Ecolinguistics Reader:Language,Ecology and Environment. London:Continuum,2001:43-53.

② 王宏军.论生态语言学的研究范式[J].外国语文,2019(4):84-89.

③ 阿尔温·菲尔，苏内·沃克·斯特芬森.论语言的社会文化生态与认知生态[J].周文娟,译.鄱阳湖学刊,2016(4):11-18.

1. 构建研究框架

菲尔建立了语言生态研究框架,他的两部著作值得关注。2001年,菲尔等编著的《生态语言学读本》出版,其中综合了生态语言学的根源、作为隐喻的生态学、语言与环境、批评生态语言学等四大类研究成果;2018年,菲尔和赫尔曼·彭兹(Hermine Penz)所编的《劳特利奇生态语言学手册》则收录在社会和个体环境中的语言、与环境相关的语言的作用、哲学和跨学科的生态语言学、生态语言学新的研究方向与发展趋势等方面的研究成果,囊括了当时生态语言学研究的方方面面,勾勒出生态语言学学科发展的热点、现状和未来发展趋势。①

2. 总结学科成果

菲尔还对学科成果进行了系统总结,指出生态语言学的多种研究路径。

他充分肯定了豪根范式的开创性意义,认为生态语言学传统研究领域的语言多样性研究和语言规划研究依然是重要议题。生态存在于各种语言之中,应通过研究保持语言系统的生态平衡,为现实的语言规划、制定语言政策、维护语言和文化多样性提供参考及依据。

他还指出,目前生态语言学研究存在多种路径,主要原因是不同学者对"语言环境"概念存在象征性的生态环境、自然环境、社会文化环境、认知(心理)环境等不同看法,由此形成四种不同的研究路向,即符号(symbolic)生态环境研究、社会文化生态环境研究、认知生态环境研究、自然生态环境研究。符号生态环境研究考察语言与符号生态环境之间的互动,以揭示不同语言在给定场所(location)的互动。社会文化生态环境研究通过考察语言与社会文化生态环境之间的互动,揭示语言对社会和文化的建构和形塑作用。认

---

① 黄国文.关于生态语言学研究的断想[J].外语与外语教学,2018(1):1-3.

知生态环境研究考察语言与认知生态环境之间的互动,揭示有机体的认知能力如何影响其适应环境的方式。自然生态环境研究考察语言与自然生态环境(即生物和物理环境)之间的相互作用,揭示语言对自然生态环境的影响。① 尽管路径不同,但其研究拥有共同目标,即实现语言在社会中和在生态系统中的作用。

在菲尔看来,语言的生态环境是一个整体的生态环境,没有必要区分隐喻的和非隐喻的生态。他提倡建构一个"统一的生态语言科学"(an unified ecological language science),把语言与语言、自然、社会和认知(心理)看成一个统一融合的整体,语言不是表达思想或用来交流的工具,而是一种实时的协调能力,这种协调能力能让我们达到人类个体无法实现的效果。

总的来说,菲尔对前期的生态语言学研究成果进行了总结与评价,厘清了研究的范围与路径,也为后来的生态语言学研究指明了目标与方向。

(二)在话语分析的基础上实现生态话语构建

1. 多种话语分析方法

为达到用语言研究解决生态问题的非语言目的,在韩礼德的非隐喻范式下,语言学界采用话语分析的方法对环境相关话语及泛化的话语进行研究。如,批评话语分析(critical discourse analysis,简称 CDA)、积极话语分析(positive discourse analysis,简称 PDA)、多模态话语分析(multimodal discourse analysis,简称 MDA)、生态话语分析(ecological discourse analysis,简称 EDA)、和谐话语分析(harmony discourse analysis,简称 HDA)等,都针对不同语篇分析话语中的生态趋向,成为学界研究的主流。以下简要介绍其中几种。

---

① Steffensen S,Fill A. Ecolinguistics:The state of the art and future horizons[J]. Language Sciences,2014(3):6-25.

（1）批评话语分析（CDA）

在韩礼德的非隐喻范式下，较早的话语分析主要借鉴批评话语分析方法，从生态语言学视角针对具有社会冲突性特征的语篇进行分析，以展示社会冲突及社会意识形态在话语中的表现、实施与构建，揭示不同利益集团的不同生态立场。张琳、黄国文对此类研究成果进行了整理，比如：有学者从有关臭氧层的环境语篇中发现对立的利益集团的不同语言搭配；另有学者从生态旅游景点游客留言簿的内容与语言特征（词汇、句法、作格等）中发现游客并未关注到生态保护区的环境问题，生态旅游掩饰的是绿色包装下的消费主义。①

这种通过语篇批评分析发现语言中的非生态因素的方法，能够帮助人们发现潜藏的生态漠视现象，至今仍然受到研究者青睐。

（2）积极话语分析（PDA）

1999 年，著名语言学家詹姆斯·马丁（James R. Martin）提出了积极话语分析方法。相较于批评话语分析中突出的批判性，积极话语分析主张用友好的态度发现话语中的和解与一致，由此认识到话语对生态的积极作用。

但从本质上看，积极话语分析与批评话语分析一样，仍然是以人类社会为中心、体现人与自然界事物"二元对立"的话语分析方法。

（3）生态话语分析（EDA）

与其他从人类社会视角考察生态现象的分析方法不同，近年在生态话语理论建构方面做出突出贡献的是英国学者斯提布，他继承并发展了韩礼德关注语言生态性的观点，重点研究语言对环境的影响。斯提布在以往话语分析研究基础上创立了生态话语分析方法，指出生态语言学应该研究语言与人类、其他生物及自然环境之间的关系，以维持生命的可持续性。

---

① 张琳，黄国文.语言自然生态研究：源起与发展[J].外语教学，2019（1）：26-31.

斯提布等于 2014 年首次提出"生态话语分析"①一词。他们使用该词作为生态语言学的一个主要研究路径,并论证了生态话语分析方法在今后的生态语言学中应该具有的中心地位。

在此基础上,斯提布系统探索话语中破坏或者维护生态平衡的话语机制。在专著《生态语言学:语言、生态与我们信奉和践行的故事》(*Ecolinguistics: Language, Ecology and the Stories We Live by*)中,斯提布从批评话语分析、认知语言学和功能语言学等不同的语言学科理论出发,总结了"意识形态""框架""隐喻""评价""身份""真实性""抹除""凸显"等话语中的"故事",即存在于个体头脑中并影响其看待世界的认知结构,揭示语言对生态环境的双重影响。② 这一研究路径也被称为"认知范式"。

斯提布主张借助生态话语分析构建生态话语。他引入认知语言学分析工具分析话语中的非生态因素,达到构建生态话语、指导生态实践的作用;他提供了生态话语的分析框架,指出生态语言学有理论(theory side)、分析(analysis side)与行动(action side)三个部分,应基于"生活"(living)生态哲学观,区分生态性质不同的三类话语,提倡生态保护型话语的使用,抵制生态破坏型话语的使用,改善生态模糊性或中性话语。 总的来说,斯提布通过话语分析揭示语言系统以及语言的使用对生态环境的双重影响,提醒人们保护自然环境乃至整个生态系统。其研究旨在运用语言学理论来引导积极行动、解决生态问题,具有重要的现实价值。

2. 生态话语分析发展趋向

斯提布主张通过话语分析实现语言的变革与重构,开辟了生态语言学研究的新范式,其能够在生态情境中发挥积极作用。尽管斯提布等人的生

---

① Alexander R, Stibbe A. From the analysis of ecological discourse to the ecological analysis of discourse [J]. Language Sciences, 2014(41): 104-110.

② Stibbe A. Ecolinguistics: Language, Ecology and the Stories We Live by [M]. London: Routledge, 2015: 207.

态话语分析多关注自然生态相关文本,但他们认为,生态语言学的研究是把"话语的研究范围从环境话语扩展到所有的话语",即生态话语分析的范围不仅包括环境或生态话语,还应包括对生态系统存在潜在影响的其他所有话语。① 这就为我们拓展研究范围和研究对象提供了理论依据。目前的生态话语分析大多数仍只是对单个的或系列语篇进行分析,且多集中于环境相关语篇,较少涉及社会性、经济性、政治性语篇,整体而言,理论探讨与建构的内容偏少。但研究正在转向,在生态话语描写与建构方面仍有较大的发展空间。

(三)学科理论与方法得以拓展

生态语言学研究历来显示出鲜明的交叉学科甚至超学科特征。学者积极融合多学科知识对语言与生态的关系进行深入探索。如有学者综合运用批评话语分析和语料库语言学方法,对揭露环境恶化的语篇进行分析;有学者研究了视觉图像在揭示环境问题中的作用;还有不少学者的研究涉及哲学伦理、语言与心灵等多个领域,也为学科理论建构做出了重要贡献。

菲尔认为,这一时期的生态语言学研究有泛化倾向,研究内容各有侧重,但仍都属于生态语言学范畴。

---

① Alexande R,Stibbe A. From the analysis of ecological discourse to the ecological analysis of discourse[J]. Language Sciences,2014(41):104-110.

第三节　生态语言学研究范式的演进

生态语言学的主要研究范式有豪根范式、韩礼德范式、认知范式（Cognitive Dogma）。三种范式共同致力于语言与生态问题的研究，但视角各有不同，研究内容与关注的重点也不同：豪根范式关注语言的生态状况，韩礼德范式主要探究语言对环境的影响，而认知范式致力于通过话语分析实现生态话语重构。

一、豪根隐喻范式

20世纪70年代，豪根正式提出"语言生态"概念，并引领语言学界生态转向研究。

1972年，豪根的论文集《生态语言学》问世，他运用生态学方法研究语言，开辟了语言学研究新的发展方向，为传统的社会语言学研究提供了新的视角。菲尔认为，以此为标志，生态语言学作为独立的语言学分支学科正式形成。

（一）对"环境"的全新诠释

豪根从生态的角度对"环境"一词进行了重新解释，认为"环境"既指把语言作为语码的社会环境，也指多语言交流时说话者的心理环境。他指出语言生态研究的是"任何特定语言与其环境的互动"，并运用"生态"喻指语言与其所处的社会环境之间的互动，强调就像生物和自然环境的关系一样，语言也有自己的环境（即社会环境）。①

---

①　Haugen E. The ecology of language[G]//Dil A S. The Ecology of Language: Essays by Einar Haugen. Stanford: Stanford University Press, 1972: 325-339.

(二)研究的现实导向

豪根重点关注社会环境如何影响语言,其研究因而被称为"语言生态学"研究,在世界各国受到重视并广为应用。豪根的研究体现了明显的现实导向,致力于解决语言生态的问题,侧重语言多样性、语言濒危、语言规划等方面,涉及生态学、语言学、社会学、哲学等多个领域,是影响广泛的生态语言学传统研究范式。

至今,豪根范式在各国生态语言学研究中仍占有十分重要的地位。在当今语言生态危机日益严峻的形势之下,豪根范式对于维持语言生态平衡、维护语言多样性和生态多样性都有十分重要的现实价值。

(三)隐喻范式评价

豪根开创性地将生态学原理引入语言研究,为语言学开辟了新的生态学发展方向。此后,学者开始尝试用全新视角解读语言与环境的互动关系。但其研究也有一定的局限性。一是对语言与环境的关系存在认知局限。豪根认为语言与环境存在互动关系,但它们是两个范畴、两种事物;而从韩礼德起,学界普遍认为语言就是环境的一部分,语言系统是生态系统的重要组成部分。二是对"环境"概念的界定不够明确。生物有自己鲜明的种群特征,而语言因其复杂性决定了其无法像一般生物那样有明确的栖息地及生态环境。语言生态环境界定的不确定性,一定程度上影响到生态语言学作为独立学科的发展。

二、韩礼德的非隐喻范式

在生态语言学学科的发展历程中,具有标志性意义的人物还有系统功能语言学家韩礼德。韩礼德在 1990 年的国际应用语言学大会上所做报告

"新的定义方式对应用语言学的挑战"①中，提出了关于语言与生态关系的新看法。

(一)将语言与自然生态关联

韩礼德强调语言在环境问题上有重要作用，明确指出"环境"即自然环境，这一生态语言学研究路径可称为"系统生态语言学"或"环境语言学"。

韩礼德认为，自然万物与环境构成一个动态平衡系统，它们相互作用、相互制约。他进一步指出，语言系统也是生态系统的一部分，人类通过语言认知世界和识解经验，同时用语言来创建意义、构建世界，人的一言一行都是由自己与其他人的关系、与生态系统中其他物种的关系，以及与自然的关系所决定的。②

(二)强调语言对生态有双重作用

韩礼德非隐喻范式重点研究"我们的意指方式如何左右我们对环境的影响"，认为语言对自然生态和社会生态都有双重影响，生态语言学应该探究语言在保护自然环境和解决生态问题中所起的作用，发掘语言与自然生态和社会环境变化之间的内在规律。他还利用话语分析方法考察语言的使用，力求对语言文字进行改革与创新，发挥语言在生态环境保护中的积极作用。韩礼德范式强调的是语言对人类生态的影响，以及如何通过生态语言学研究使语言发挥积极作用。

菲尔和斯提布都发展了韩礼德的观点。斯提布在其著作中不断传递这

① Halliday M A K. New ways of meaning：The challenge to applied linguistics[J]. Journal of Applied Linguistics，1990(6)：7-16.

② Halliday M A K. Applied linguistics as an evolving the me[G]//Webster J. Language and Education，vol. 9 in The Collected Works of M. A. K. Halliday. London：Continuum，2007：1-19.

一明确的认知:语言所构建的话语和"故事"影响着人类的行为,也影响了整个生态系统。①

(三)非隐喻范式评价

韩礼德的非隐喻范式自产生起就受到广泛重视,研究成果丰硕,多关注人类生态和社会生态,并已拓展到经济学、环境科学、宗教研究、心理学等多个领域。非隐喻范式采用系统功能语言学、认知语言学、社会语言学、语料库语言学、人类语言学、修辞学、批评话语分析、多模态话语分析、身份识别理论、观众反应研究、判断与真实性理论等多学科理论与方法,根据生态语言学研究对象和研究目标进行一定的调整与改造,以揭示语言的生态意义,从而成为适合生态语言学研究的框架与方法。

三、两种经典范式比较

豪根关注语言的生态化,韩礼德把语言作为解决生态问题的方法,可见二者的目标和导向都不同。菲尔认为,豪根范式和韩礼德范式的研究路向相互补益,而非相互排斥。②

(一)研究内容相互补益

豪根范式从语言的生态特点入手,着重进行语言及其所在的言语社区、社会环境之间关系的研究,内容包括语言跟踪调查、濒危语言研究、语言多样性的维护、语言政策和语言规划的制定等。

---

① Stibbe A. Ecolinguistics: Language, Ecology and the Stories We Live by[M]. London: Routledge, 2015.

② Fill A. Ecolinguistics: States of the art[G]//Fill A, Mühlhaüsler P. The Ecolinguistics Reader: Language, Ecology and Environment. London: Continuum, 2001: 43-53.

韩礼德范式强调语言系统是生态系统的重要组成部分,通过话语分析等途径进行语言与生态环境关系的探究,阐释语言在生态系统中的地位以及语言反作用于生态环境的机制。

(二)话语分析对象与方法相互补益

豪根范式着重进行生态话语的分析,揭示语言与生态的关系以及语言在社会生态中的作用,为语言规划制定和语言生态平衡提供依据。

韩礼德范式则进行话语的生态分析,涉及的文本类型更丰富,研究者可以从生态的视角分析任何类型的话语,发现语言系统中能够对生态环境产生积极影响的生态因素和产生消极影响的非生态因素,使研究更具有整体性、多元性和系统性。

四、认知范式

认知范式就是借鉴认知语言学的意义研究的方法来构建生态话语。近年来,认知范式成为广受关注的研究路径之一,这一范式融合认知语言学理论框架与方法,重点涉及生态学、认知科学、语言学、心理学、文化等领域研究。认知语言学为生态语言学提供了强有力的理论分析工具。

(一)运用认知语言学理论方法

斯提布是认知范式的代表人物。2015年,他在代表作《生态语言学:语言、生态与我们信奉和践行的故事》中融合系统功能语言学、认知语言学和语用学等学科理论,重点使用认知语言学的概念隐喻理论和认知框架理论进行不同生态话语文本的分析,倡导生态有益性话语的使用,以达到构建生态话语的目的。此外,语言学家亚历山大在其生态语言学著作《框架化环境话语:批评性话语研究法》(*Framing Discourse on the Environment:A Criti-*

cal Discourse Approach)中运用了认知语言学"框架化"的理论工具。①

我国学者朱长河认为,在认知范式相关研究的推动下,认知生态语言学初步形成。②

(二)重视研究者的生态哲学观

认识范式旨在通过话语建构和话语分析来重构有助于生态保护的各种心理模式或认知结构——"故事"。我们通过语言对自然的认知进行概念化处理,形成了各种不同的"故事",而这些故事又影响着我们的言语行为;我们的言语行为进一步强化、弱化或改变自己对自然的认知,从而构成新的"故事",指导、影响、控制着我们的社会实践。认知范式特别重视研究者的生态哲学观。在话语生态分析中,研究者的生态哲学观会极大地影响其对话语的理解、解释和评估。对于同一语篇,持不同生态观的人做出的分析和得出的结论完全不同。生态哲学观也会随着个人的成长及社会情境的改变而改变。在进行话语生态分析时,研究者应该首先考虑语篇分类,然后构建自己的语篇范畴和心理模式。

五、其他范式

如前所述,斯提布指出生态语言学具有超学科性。这种超学科性首先体现为多种研究范式以及涉及的多个研究领域。

---

① Alexander R J. Framing Discourse on the Environment: A Critical Discourse Approach[M]. New York: Routledge, 2009.

② 朱长河. 认知生态语言学:体验哲学视野下的语言研究新范式[J]. 外国语文, 2015(5):59-64.

（一）新兴范式不断涌现

何伟、魏榕指出，除"隐喻模式""非隐喻模式"和新兴的"认知模式"外，目前研究较多的还有"生物认知模式"、中国学者采用的"哲学模式"（儒学范式）以及"文化外交模式"等。①

在上述模式中，"生物认知模式"结合生态学、语言学、生物学等学科展开研究；"哲学模式"主要涉及生态学、哲学、伦理学、宗教等学科，其中"儒学范式"在中国传统儒家文化基础上形成，体现了"和谐"生态哲学观；"文化外交模式"则在"哲学模式"基础上融合社会学、国际关系学、伦理学等学科的理论和方法，进一步拓展研究内容与研究范围，在具体生态情境中表现出强大的应用功能。

（二）多种范式各有侧重

考察生态语言学研究中的主流研究范式，尽管有不同的学科理论、研究对象与研究目的，但相互之间并不冲突，而是有所承继、相互补益。比如，"哲学模式"与"文化外交模式"都是韩礼德"非隐喻模式"的延伸，目前的研究中也各有侧重。"哲学模式"主要体现为"中国生态话语分析"（Chinese ecological discourse），如黄国文提出的"和谐话语分析"和"和谐生态语言学"；"文化外交模式"则将关注重点拓展至全球生态系统平衡，侧重进行"国际生态话语分析"（international ecological discourse），如何伟进行的基于"多元和谐，交互共生"生态哲学观的国际生态系统研究。

正如学者王馥芳所说，从"现实社会建构论"出发，虽然各种研究取向和目的不尽相同，但理论目标一致，都致力于通过生态语言学研究阐明一个理论观点：语言不但影响而且在很大程度上对生态环境具有建构作用。②

---

① 何伟，魏榕.生态语言学：发展历程与学科属性[J].国外社会科学，2018(4):113-120.
② 王馥芳.生态语言学和认知语言学的相互借鉴[J].中国外语，2017(5):47-55.

第四节 生态语言学未来发展趋势

生态学的泛化使当今的生态语言学成为一个泛学科的议题,其研究涉及语言、生态、社会、文化、哲学、民族、政治、经济等诸多领域。就目前而言,因为研究对象的复杂性,研究所用理论与方法各有不同,生态语言学的学科性质尚未厘清,生态语言学独立完整的学科体系还没有完全建立。今后的研究将呈现以下发展趋势。

一、继续拓展研究范围

斯提布指出,今后生态语言学要继续研究语言与生态环境之间的关系,融合理论、分析与行动三个维度,同时扩大研究范围,从关注"环境问题"到关注"在所有生命借以持续的生态系统中的人类以及人类活动"①,更全面地探索人类与人类以外世界、人类文明间的关系。

二、连接人文学科与自然学科

今后的生态语言研究应致力于建立统一的生态语言科学,超越传统文化二元论,秉承自然化的语言观。只有这样,生态语言学才有可能成为连接人文学科和自然学科的重要纽带。②

---

① 何伟,魏榕.生态语言学的超学科发展:阿伦·斯提布教授访谈录[J].外语研究,2018(2):22-26.

② 阿尔温·菲尔,苏内·沃克·斯特芬森.论语言的社会文化生态与认知生态[J].周文娟,译.鄱阳湖学刊,2016(4):11-18.

三、深入服务生态现实

生态转向、文化转型及生态文明建设是现在也是未来生态语言学密切关注的话题。目前的生态语言学研究应转向应用研究，更密切地关注生态现实，致力于解决现实生态问题。

在 2020 年举办的第四届国际生态语言学研讨会上，斯提布和菲尔都强调，在语言使用与环境意识之间建立紧密关系，使生态语言学研究更好地服务于现实。[①]

当今世界，生态问题日益突出，生态语言学受生态危机驱动而产生，目前发展态势良好，有望成为连接人文学科与自然学科的纽带。生态语言学的发展前景不可低估。作为一门社会服务型学科，生态语言学未来将与全球生态现实进一步关联，探索出一条生态治理的语言学路径，在解决生态问题方面势必会发挥更积极的作用。

[①] 陈旸. 生态语言学研究从这里走向世界：第四届国际生态语言学研讨会综述 [J]. 中国外语，2020(1)：104-111.

第二章

我国生态语言学发展现状述评

随着国外生态语言学的发展,我国生态语言学在引入相关理论的基础上逐渐展开,起步相对较晚,前期发展也较为缓慢。进入 21 世纪以来,生态问题备受关注,相关研究随之迅速发展,研究者热情极高,在学科形成与建设、本土理论建构、研究队伍成长和生态现实应用等方面都取得极大进展。学界将生态语言学研究与我国生态文明建设和生态现实相结合,进行了诸多有益的本土化探索,学科发展呈现出蓬勃生机,在生态话语批评、语言生态保护、社会语言生态文明、语言生态哲学、濒危语言研究、语言生态监测与评估、"语言—文化—生态"多样性等方面,研究成果丰硕,研究视野逐渐开阔;同时积极进行中西交流与对话,共同进行国际生态语言学科建设,也涌现出许多重要成果,受到西方生态语言学界的高度关注。

本章将从我国生态语言学发展现状入手,从发展阶段、学科建设、研究内容和研究趋势四个方面进行梳理。

第一节　我国生态语言学发展阶段

国外生态语言学学科在 20 世纪 70 年代形成,经过 50 多年的发展,成为一门重要的服务型学科,已经拥有明确的研究内容,能够融合社会科学、自然科学的多学科研究理论和方法,主要揭示语言与人类、其他生物及自然环境之间的关系,探索语言对环境的反作用,以解决生态问题。这种研究进路与当今全球生态治理的目标一致,得到广泛认可。我国学者受其影响,也从理论引介开始,逐渐展开相关研究,前后经历了几个不同时期。

一、初步引介

我国生态语言学起步较晚,早期发展相对缓慢。

(一)初试未果

20 世纪 80 年代,郑通涛率先将"语言生态学"[①]这一术语引入中国,但接触者较少,没有引起学界关注。

后来,受到豪根的隐喻范式的影响,李国正首次尝试用生态学原理研究汉语问题。[②] 之后,在著作《生态汉语学》中,李国正把汉语置于生态系统进行探索[③],具有生态语言学研究基本特征。与此同时,李国正等人还对国外

---

①　郑通涛.语言的相关性原则:《语言生态学初探》之一[J].厦门大学学报(哲学社会科学版),1985(4):150-157.

②　李国正.生态语言系统说略[J].语文导报,1987(10):54-58.

③　李国正.生态汉语学[M].长春:吉林教育出版社,1991.

生态语言学研究成果进行引介,但当时学界对这一新兴学科十分陌生,对生态问题也相对淡漠,因而此类研究并未引起注意。

(二)获得关注

直到 2005 年,国外生态语言学研究取得了丰硕成果,同时国内外生态问题日益暴露,国内学者才对此类研究予以关注。范俊军对菲尔的《当代生态语言学研究现状》进行评介,并综述了国外生态语言学发展现状。[①] 由此,这一学科正式进入研究者视野。

这一阶段,先后有不少学者开始关注豪根范式的研究成果。何伟、魏榕在对这一阶段的研究成果进行整理后指出:生态语言学的学科性质、概念内涵、理论方法等开始为人们所了解,国内的语言与生态研究逐渐出现,学科研究框架开始确立。[②]

二、研究展开

(一)隐喻范式研究多见

目前,我国的生态语言学研究占主流的仍旧是国外生态语言学研究早期流行的隐喻范式,主要进行语言生态的研究。这与我国少数民族语言多、地域方言复杂的语言国情有关。学者的研究多关注少数民族语言、濒危语言的调查与保护,也有关于少数民族语言汉译方面的调研,都取得了一定成果,为语言规划、语言政策制定提供了参考。

---

① 范俊军.生态语言学研究述评[J].外语教学与研究,2005(2):110-115.
② 何伟,魏榕.生态语言学:发展历程与学科属性[J].国外社会科学,2018(4):113-123.

（二）非隐喻范式研究逐渐增加

随着国外针对非隐喻范式的研究大量出现,国内研究也有了相应变化。学者认识到韩礼德关于"语言系统是生态系统的组成部分""人类语言与生态环境之间形成互动"的观点更加符合生态现实,更能揭示语言的社会功能以及语言与生态的关系,因此开始重视语言与生态环境的相互作用研究。

从 2013 年开始,不少学者在韩礼德生态语言学观点的影响下,逐渐展开以系统功能语言学为框架的生态话语研究。其中,黄国文等人的研究十分具有代表性,探索了适合中国语境的生态语言学研究范式。

（三）引入全新理论丰富研究成果

近几年,国内生态语言学的研究方法和角度进一步拓展。比如,黄国文等人从生态给养（affordances）的角度进行生态话语分析的定性研究①,还结合西方生态素养理论介绍生态素养教育研究现状②。上述研究都引入了其他学科的理论,凸显了生态语言学的多学科融合基本特征。此外,还有体现应用语言学交叉学科特征的研究,比如在系统功能语言学框架下利用语料库对野生动物的实证研究③。

这一阶段依然有学者对国外生态语言学发展现状进行梳理引介。比如,周文娟对比分析了中西生态语言学路径,对西方生态语言学在国内的译介情况进行述评,呈现出多方法、多维度的研究与思考④;何伟、魏榕整理了生态语言学科形成以来的发展历史,指出目前存在的问题及未来发展

① 黄国文,王红阳.给养理论与生态语言学[J].外语与外语教学,2018(5):4-11.

② 黄国文,哈长辰.生态素养与生态语言学的关系[J].外语教学,2021(1):15-19.

③ 赵蕊华.系统功能视角下生态话语分析的多层面模式:以生态报告中银无须鳕身份构建为例[J].中国外语,2016(5):84-91.

④ 周文娟.国外生态语言学在中国的引介述评[J].外语与外语教学,2018(5):21-25.

趋势①。上述成果拓展了本土化研究，也为读者更全面地了解学科发展动向提供了参考。

三、学科发展

（一）本土化研究逐渐增多

随着国内生态语言学研究的推进，国内本土化研究成果逐渐增多，学科理论建设得以推进。尤其是近 5 年来，我国生态语言学理论本土化研究和应用研究逐渐深化，呈现出不同于国外生态语言学研究的差异化路径，研究内容和方法都有所突破，涌现出一批研究带头人和开创性成果。

知名语言学家黄国文在中国语境下生态语言学学科发展和理论本土化建构方面做出了突出贡献。他基于非隐喻范式，提出了中国语境下的"和谐话语分析"，开创了生态话语分析的新范式，并提出了"生态化取向""社会责任""生态人"等一系列首创性理念。与国外生态语言学重点研究语言与自然环境之间的关系有所不同，黄国文重点关注语言对社会环境的影响，分析中国语境下语言对社会文化的作用。这一全新范式在丰富与深化生态语言学理论、推动我国生态语言学学科发展与中西对话方面都具有重要意义，得到斯提布等国外生态语言学家的一致认同。

此外，何伟等人也在非隐喻范式的基础上对生态话语分析模式与理论进行细化，提出针对自然生态与国际社会生态系统等不同话语的"和谐"生态哲学观和分析方法。

① 何伟，魏榕.生态语言学：发展历程与学科属性[J].国外社会科学，2018（4）：113-123.

(二)与生态文明建设现实结合

国内的生态语言学研究者也如韩礼德所倡导的那样,表现出强烈的社会责任感,充分考虑将生态语言学研究与我国的生态文明建设相结合,战略意识增强,明确了我国和谐社会构建和生态文明建设对生态语言学研究的引领作用,努力使语言生态研究为我国社会主义五位一体建设提供参考;与此同时,研究视野也投向国际社会,希冀为维护国际社会生态系统平衡贡献力量。

四、发展趋向

(一)服务型学科特征显现

经过20多年的发展,目前国内生态语言学研究已经有了显著的进步,学科理论进一步建构,相关研究注重立足国情并服务于我国生态文明建设,实证研究和对策研究逐渐增多。总体而言,学者致力于将理论切实用于解决语言生态现实问题,旨在为我国社会主义生态文明建设服务。

(二)突出本土化研究和多学科交叉

从当前发展来看,国内学者在充分考虑中国社会发展特征和特殊生态国情的基础上展开研究,推动中国本土化生态语言学理论建构取得丰硕成果;同时,学者还将研究视野投射向国外,关注国际社会生态系统的健康发展,以独具特色的生态语言学理论为全球生态治理提供中国方案。

在与国家生态文明建设的紧密结合中,生态语言学交叉学科的性质将更明显。今后的研究将融入中国传统文化和生态现实问题,继续将生态语言学当作一个平台,不拘泥于某种理论或方法,允许不同的问题解决思路和方向,更注重运用理论解决现实问题,不断拓展研究内容。

语言生态研究也将继续受到关注。孔江平指出,语言生态研究在中国具有广阔的前景和重要的理论与现实意义,与语言本体接近的相关领域仍是今后研究的重点内容。比如:基于生态的语言结构接触、融合和演化研究;语言社会使用情况的量化研究;语言生态资源数据库研究及建设;不同国家和地区的民族语言认同研究;地区性语言人才培养、文化交流、经贸活动和地区安全的语言保障研究;等等。①

国内生态语言学领域的学者仍会继续探索适合我国国情的和谐生态语言学研究路径,开拓更广阔的发展空间。

---

① 孔江平.中国周边国家语言生态研究的学科范畴和意义[J].暨南学报,2016(6):2-7.

第二节　我国生态语言学学科建设

进入 21 世纪,随着生态问题日益凸显,人与自然的矛盾越发激化,对生态问题的持续关注已经延展到人文社会科学领域,有关国外生态语言学研究的评介进入大众视野。我国生态语言学学科在国外研究的影响下逐渐形成,并且发展迅速。

一、研究组织从无到有,学术交流频繁展开

2016 年之前,国内的生态语言学研究相对零散,并没有独立的生态语言学研究组织。黄国文在韩礼德学术研究的影响之下,率先成为国内研究的领路人。他强调语言对社会与自然环境的双重影响,重视语言的社会性研究,也带动了语言多样性研究。在他的组织倡导下,国内逐渐形成了生态语言学研究力量,成立了相应的研究组织和学会,生态语言学学科得以形成。与此同时,何伟也起到了研究的带头作用,与黄国文"南北呼应",为学科建设做出了重要贡献。

(一)成立研究与教学机构,逐步扩大学科影响

2016 年,黄国文作为中国代表参加了国际生态语言学研讨会,对国外生态语言学学科有了较深入的了解。随即展开专门研究,并在国内着手准备生态语言学的学科建设工作。

他率先在华南农业大学成立了生态语言学研究所和语言文化生态研究中心,设立语言生态学二级学科博士点进行专业人才培养,为我国生态语言学学科输送了专业研究力量。

(二)组织召开学术会议,引领学科研究方向

2016 年 10 月,黄国文在华南农业大学组织召开了第 17 届功能语言学与语篇分析高层论坛。这次会议以"生态语言与生态翻译研究"为主题,首先进行生态语言学研究的预热,引发与会者的重点关注。

随后,黄国文于 11 月 25 日至 26 日组织举办了我国首届国际生态语言学研讨会,正式引进了非隐喻范式的生态语言学研究,向与会者全面介绍了当前生态语言学研究的学术转向。会上,黄国文首次展示了个人在生态语言学方面的本土化研究成果,提出中国语境下的生态语言学研究可以采用"和谐话语分析"的路径,在国外生态语言学研究基础上开创了全新的中国"儒学"范式,展示出其对中国儒家文化中"和谐"元素的深刻解读及其对新时代中国生态语言学研究高瞻远瞩的学术站位。

北京外国语大学中国外语与教育研究中心及国家语言能力发展研究中心的何伟教授也积极投身于我国生态语言学学科建设,成为重要的学科带头人之一。何伟组织召开了第一届中国生态语言学战略发展研讨会,成立了挂靠国际生态语言学学会的中国生态语言学研究会;随后又接棒黄国文教授,于 2017 年 8 月举办了第二届国际生态语言学研讨会。这次会议邀请了国外著名生态语言学家,会上,斯提布等国外著名学者就如何拓展生态语言学学科提出了看法,认为所有语言学学科只要把人类及人类社会放入更大的生态系统中去思考,就会对生态语言学学科有所贡献。黄国文也结合个人研究呼吁加强与本土文化的结合,做了主题为"中国语境下和谐话语分析:从批评生态语言学到和谐生态语言学"的报告,区分了批评生态语言学、批评话语分析、和谐话语分析等概念,提出"人类中心主义与非人类中心主义""社会性与非社会性"两种假设,进而探讨了基于中国传统文化的"儒学"研究范式,为国内学者进行生态语言学本土化研究确定了基本路向。何伟在会上提出基于中国传统"和而不同"文化

的生态哲学观指导下的"和谐"生态哲学观。王文斌则从外语教育角度，提出生态学视角下外语教育学科发展的宏观构想。此次会议有力推动了我国的生态语言学研究，尤其是在生态语言学学科的中西对话方面做出了重要贡献。

2018年10月，第三届国际生态语言学研讨会继续举办。这次会议研究主题更加多样，会议影响也进一步扩大，国内外170多名与会者围绕生态语言学的发展历程和研究趋势畅所欲言，针对生态哲学思想、生态语言学研究范式、生态话语分析模式、语言多样性与文化多样性、生态语言学与语言教育、翻译研究、文学鉴赏与批评等多个主题展开探讨，使国内学者界接触到更多有价值的研究内容和领域，进一步开阔了学术视野。

何伟于2020年组织召开第四届全国生态语言学研究会，交流本土化研究重要成果，有力推动了学科发展。这届国际生态语言学研讨会主题是"言语行为与生态文明：走向与生命科学的融会贯通"，斯提布、菲尔、斯蒂芬·考利（Stephen Cowley）、黄国文等10位知名学者做了主旨报告。主旨报告的研究内容、研究思路、研究视角丰富多彩，对解决当下世界性的环境生态问题，以及明晰生态语言学的发展态势和推进生态文明建设富有启迪。①

（三）举办生态语言学讲习班，普及学科理论

从2017年6月起，黄国文每年组织生态语言学讲习班，分别聚焦"儒学与生态和谐"（2016年6月）、"生态语言学研究的不同路径"（2017年8月）、"生态语言学研究的历史与发展"（2018年11月）、"中国语境下的生态文明建设与生态话语研究"（2019年11月）等主题，在引介推广国外生态语言学研究范式和研究领域的基础上，引导形成我国生态语言学研究的路径方法，

---

① 陈旸.生态语言学研究从这里走向世界：第四届国际生态语言学研讨会综述[J].中国外语，2020(1)：104-111.

倡导学者建构中国特色生态语言学本土化理论,努力承担起语言学者的社会责任,运用生态语言学理论解决实际生态情境中的现实问题。

(四)其他语言学科展开生态语言学主题讨论

与此同时,国内其他大型学术会议也拓展了生态语言学相关的主题讨论。2017 年 10 月,在上海举办的第一届国家话语生态研究高峰论坛上,与会者强调话语生态研究也是生态语言学的重要研究领域,是社会发展对语言学的全新要求。与会者认为,党的十九大提出的"要坚持推动构建人类命运共同体"不仅是政治问题、经济问题,也是语言问题;将国家、话语、生态三者结合是语言学者的责任,而话语研究的重要任务在于探索如何有效改善社会话语生态。①

由上可见,生态语言学的组织机构与团体数量迅速增加,学科内与其他语言学分支学科的学术交流和交叉融合日益频繁,呈现出蓬勃发展的趋势。

二、研究队伍不断扩大,研究成果主题多元

(一)语言学各领域学者积极参与

以上列举的大型研讨会集中了国内语言学界诸多重要学者,有力推进了生态语言学在我国的发展,促使更多的语言研究者加入生态语言学研究队伍,社会语言学、系统功能语言学、认知语言学、修辞学、哲学等领域富有社会责任感的研究者纷纷加入,共同致力于解决生态问题,这也与生态语言学交叉学科的性质紧密契合,有力带动了生态语言学的本土化理论研究与应用研究。

在学科形成之前,已经有很多学者引领了语言生态研究。比如,李国正

① 陶贞安,裴洲司,陈佳璇.国家话语生态研究:新时代的语言学回应——"第一届国家话语生态研究高峰论坛"述评[J].外国语,2018(1):93-95.

在著作《汉语生态学》中把汉语置于生态系统中进行研究,为广泛的生态学提供了一种新的研究视角。①

著名修辞学家冯广艺也较早进行了生态语言学研究,其研究成果值得关注。2013年,冯广艺出版了《语言生态学引论》,宏观地从语言接触、语言态度、语言和谐、语言运用、语言国策、生态文明建设等语言生态相关内容出发,对语言生态系统进行了生态哲学角度的思考。她认为,从微观的文字、语音、语法、语篇、修辞等方面展开生态研究,更有助于厘清概念、拓展思维,可以更好地阐释生态语言学。② 该论著视野开阔、涉及面广,引入了语言生态的诸多相关领域和相应问题,为国内生态语言学研究开辟了全新视域。

另外,黄国文和何伟等学者作为生态语言学科建立的主要推动者,引介与评述了国外语言学理论,相关论著在学界引起广泛关注。他们对中国语境下生态话语分析范式的探索与细化,有力带动了本土化研究。

(二)融合多学科理论的应用研究加强

目前,我国生态语言学研究仍以豪根的隐喻范式为主,体现为理论与方法的阐述和应用,也有隐喻范式下的语言生态状况研究。近几年,基于非隐喻范式的研究也逐渐展开。由于生态语言学的交叉学科性质,认知语言学、哲学、文化学等学科的理论和研究方法不断融入生态语言学,为解决语言和自然生态问题提供了新的思路。相关领域的应用研究也有很多新的进展。

(三)语言生态研究与语言监测展开

在政府主导的中国语言资源保护工程的带动下,更多学者开始进行语言生态相关研究,致力于维护语言生态平衡。研究工作从基础调查和监测

---

① 李国正.汉语生态学[M].长春:吉林教育出版社,1991.
② 冯广艺.语言生态学引论[M].北京:人民出版社,2013.

开始,比如范俊军等学者开展了语言监测和各地语言基础调研,不少研究项目得到国家支持,比如国家社科基金规划课题"中国语言生态监测的理论研究及信息平台建设"就具有重大现实意义。还有不少学者参与了全球"语言—文化—生物"多样性的实时监测,为语言政策、语言规划的制定提供了科学依据。

三、学科性质逐渐厘清,本土理论有序构建

(一)明确应用型、服务型学科属性

随着学术交流的持续推进,我国学界逐渐对生态语言学的学科性质达成共识:生态语言学作为一门独立学科,具有应用语言学的学科属性;生态语言学在发展中不断融合多种学科的理论知识和研究范式,具备鲜明的开放性。目前,生态语言学已经在解决自然和社会生态问题方面取得了一定成效,能够帮助人们从生态的视角探究语言与环境之间的相互关系,从而能够为解决生态危机提供一条全新的语言学路径。

(二)探索本土化生态语言学研究路径

经过 20 余年的发展,学界在中国语境下所做的生态语言学研究已经取得了丰硕的成果。黄国文在中国传统文化语境下提出的"和谐话语分析"范式(儒学范式),成为继豪根的隐喻范式、韩礼德的非隐喻范式之外的另一种得到广泛认可的科学范式。其不仅在中国生态语言学本土化研究中得到有效验证,而且已经形成"和谐生态语言学"这一富有中国特色的生态语言学研究领域,在丰富生态语言学理论、推动国内学科发展、促进生态话语构建、提升国人生态素养等方面都具有十分重要的意义。

第三节　我国生态语言学研究内容

一、语言生态研究

此类研究与国际生态语言学早期的隐喻范式类似，主要针对我国不同少数民族的语言生态现状进行调查分析。

(一)濒危语言研究

1.关注濒危语言反映的生态问题

作为较早引进国外生态语言学研究成果的学者之一，范俊军对我国濒危语言予以重点关注。① 他详细描述了部分濒危语言的分布和使用情况，深入分析了我国语言生态危机存在的问题并提出相应对策与建议；强调语言生态平衡是人类生存与发展的必要条件，语言多样性与生物文化多样性密切相关，应以此为基本理论前提树立语言生态观。范俊军还重点讨论了我国目前部分语种濒危甚至灭绝、双语区语言的单极化、局部地区语言(方言)岛的同化、母语权受到抑制等语言生态危机，指出语言生态保护研究应该在语言生态调查与评估的基础上进行，同时要加强语言规划和母语教育，尊重弱势族群的各项权利，维护其自然环境与社会结构的完整性。

---

① 范俊军.我国语言生态危机的若干问题[J].兰州大学学报(社会科学版),2005(6):42-47.

2.维护语言文化生态平衡

经过多年的语言生态研究,学者普遍认为在我国这样一个拥有丰富语言资源和多元文化的大国,尊重和保护丰富的语言文化资源,探索语言与文化、语言与民族之间的和谐关系,都是抢救和维护语言文化生态平衡的重要手段。

张公瑾认为,语言作为人类文化的一部分,不能仅以现代科技发展的要求作为唯一的评判标准。语言间的互补和共生构成了语言赖以生存的生态环境。濒危语言同样具有不可替代的价值。他指出,在濒危语言的抢救性保护中,推行和发展双语教育是改善语言生态环境的一个必要步骤。①

(二)少数民族语言研究

1.确立语言生态研究原则

我国少数民族众多,拥有100多种语言,进行少数民族语言调查与保护是一项十分重要的工作。冯广艺较早进行语言生态研究,并提出了语言生态研究的原则。

冯广艺指出,经济新常态下,少数民族语言生态问题是创建中华民族和谐共存的语言生态环境的重要任务;相关研究应该关注少数民族语言使用现状,深入民族地区做好田野调查,总结少数民族语言生态基本特征及发展趋势,以便制定与之相应的少数民族语言生态对策。②

---

① 张公瑾.文化语言学视野中的民族语言研究[J].湖北民族学院学报(哲学社会科学版),2003(1):50-53.

② 冯广艺.新常态下我国少数民族语言生态研究[J].湖南师范大学社会科学学报,2015(5):20-24.

2.明确少数民族语言研究的意义

丰富的少数民族语言对维护我国语言生态平衡、保护语言多样性与生物多样性，都有十分重要的意义和价值。学者从多个方面、结合不同地域的基本情况进行了相关研究。

比如，在少数民族语言生态研究的意义与构想方面，不同学者针对不同地域的语言生态保护提出了自己的看法。尹蔚彬梳理了四川藏区的语言生态现状和相关研究成果，认为此类研究能为当地经济、文化建设服务，同时可以为政府决策提供基础参考。[①] 王洋、廖泽余以新疆语言为研究对象，从生态观、语言观和文化观等不同视角，阐明新疆和谐语言生态建设的可行性。他们还通过对国家政策与少数民族双语教育的剖析，对和谐语言生态建设的具体内容提出了相应构想。[②]

3.做好语言生态保护的基础调查

民族地区语言生态现状的田野调查是做好语言生态规划的基础，学者针对不同地区的调查正在有序开展。

比如，在少数民族杂居区语言研究方面，熊及第在对湘西南民族杂居区的语言生态现状的调查中发现：当地语言生态脆弱，民族语言使用人数少，代际传承断裂；民族语言功能削弱，使用场域缩小；语言态度"心行不一"。他指出，良好的语言生态环境是民族杂居区多种语言和谐共存、多样性发展的重要保障，要依靠家庭、学校、政府、社会的联动确保民族杂居区多种语言的和谐共存与健康发展。[③]

---

① 尹蔚彬.四川省藏区语言生态研究及价值[J].中国藏学,2016(1):191-194.

② 王洋,廖泽余.新疆和谐语言生态构建研究[J].石河子大学学报(哲学社会科学版),2017(5):24-28.

③ 熊及第.湘西南民族杂居区语言生态与保护[J].遵义师范学院学报,2018(2):84-87.

在偏远地区少数民族语言研究方面,李莉通过对云南小凉山地区彝族语言生态现状的实地调查,分析彝语与其他民族语言的生态格局、发展趋势及其原因,为彝语及其他民族语言的系统稳定提供了一定的研究依据和借鉴。① 王丽、施璐对我国西南边陲的独龙族语言生态现状进行了调查,结合语言生态理论和独龙族的独特生活方式及发展特点,对其语言使用及濒危情况进行科学评估,提供了具有可行性的对策。②

少数民族语言研究推动了我国生态语言学研究的进程,也为生态保护现实提供了坚实的理论依据。在世界经济一体化及文化多元化背景下,我国各民族、各地区的现代化进程和社会发展的步伐加快,也带来了语言生态危机。为此,需要从生态语言学视角出发,将少数民族语言放在特定的语言文化生态系统中加以研究,积极探索有效抢救濒危语言和维护语言生态平衡的策略。

(三)社会发展对语言生态的影响与对策研究

1.城镇化进程中的语言生态问题

城镇化进程中的语言生态问题是较新的研究领域。张先亮从语言的社会性、多样性、平衡性、和谐性等四个方面揭示了语言生态的属性特征,在一定程度上摆脱了国内生态语言学研究的隐喻范式。③ 王倩、张先亮强调了党的十八大将生态文明纳入现代化建设目标在突破传统城镇化模式、协调人类社会与自然生态、发展新型城镇化方面的重要意义,从组成部分、重要因素、有效途径等三个方面讨论了语言生态在新型城镇化过程中的地位和作用,并言明语言生态治理已经成为国家战略,亟须开展研究。④

---

① 李莉.云南小凉山彝族语言生态问题研究[J].文化学刊,2016(12):175-177.

② 王丽,施璐.行走在祖国边陲:独龙族语言生态研究分析[J].保山学院学报,2017(4):43-49.

③ 张先亮.试论"语言生态"的属性特征[J].语言文字应用,2017(4):122-131.

④ 王倩,张先亮.语言生态在新型城镇化生态建设中的地位和作用[J].语言文字应用,2015(3):41-48.

张先亮还在其专著《城镇语言生态现状研究》中以语言学理论、语言生态理论为依据,采用定性研究和定量研究相结合的方法,运用文献综述、理论推导、语料统计、问卷调查、访谈、测试、评估等手段,对新型城镇化进程中各类城镇的语言生态现状作了较全面的考察,对城镇外观语言现状、城镇居民语言现状、城镇外来人员语言现状、城镇二代移民语言状况、城镇市民语言认同和城镇"双言双语"现状等进行了细致描写,分析了造成语言非生态的原因,并提出了相应的对策。① 总体而言,其研究较为系统全面。

2.对方言生态的保护

全国各地城镇化速度加快造成了方言使用衰微等问题。石琳在《语言生态视域下的方言文化保护与传承》一文中指出,从生态语言学角度看,语言文化的丰富度、多样性是衡量人文生态环境的重要指标。② 随着普通话的普及、大规模外来人口的流入,方言变化、变异甚至消失的情况明显,方言的交际功能和情感功能削弱等现象多有发生。石琳从语言生态视角分析了导致方言生态环境恶化的因素,并由此提出保护与传承方言文化的策略,以推进地方语言文化资源的保护、开发与利用。刘慧从语言使用、语言能力、语言态度等维度出发,对粤东地区的语言使用情况进行了全面调研,探讨了经济发展对语言的影响,并针对粤东地区语言的保护提出了建设性意见。③

3.英语国际化对语言生态的影响

在经济全球化背景下,各国语言生态都在发生变化,强势语言的入侵对地方语言使用造成冲击,学者也普遍注意到这一现实。潘前颖的调查研究

---

① 张先亮.城镇语言生态现状研究[M].北京:中国社会科学出版社,2018.
② 石琳.语言生态视域下的方言文化保护与传承[J].中华文化论坛,2017(9):140-145.
③ 刘慧.粤东地区语言使用情况调查分析[J].语言文字应用,2020(3):107-120.

指出,英语国际化已经对上海的汉语生态产生了一定的影响。她采用权重法确立语言生态指标,把既定"状态"因素通过问卷调查的方式进行量化,这一实证方法为加强汉语自身的免疫和改善汉语生态、促使汉语健康进化和发展提供了一定的依据。①

目前,此类研究成果逐渐增多,强调重视并解决语言生态困境,而实证研究和对策研究还需进一步深入。

(四)语言生态应用实践研究

1.语言监测与研究

在中国语言资源保护工程的推动下,各地语言调查与语言检测工作相继展开。学者在各地语言生态调查的基础上进行语言监测,开发建设语言监测平台,为语言政策制定和国家语言规划提供依据。

肖自辉、范俊军总结出生态监测的多样性计量评估模式。他们指出,语言多样性是语言生态的重要特征,包括一定区域内不同语言的数量、人口分布,以及语系多样和结构多样;语言多样性指数是语言生态监测的重要内容。二人还介绍了在国际上认可度较高的两种语言多样性评估方法,并在此基础上提出以语言的丰富度和均匀度为中心,兼顾传统本土语言和方言的丰富度、外来语言和方言的入侵度等关键生态系统指标的一套监测与评估语言多样性的多指标综合评价方法。②

个案研究方面,罗晓林、张洁廉针对湖南省的语言监测提出了切实可行的对策,以全面掌握长沙及周边地区在快速城镇化进程中存在的语言文字问题。③

---

① 潘前颖.英语影响下的汉语生态状况:以上海汉语生态为例[J].安徽工程大学学报,2016(6):80-86.

② 肖自辉,范俊军.语言生态监测的多样性计量评估模式[J].学术研究,2018(1):150-154.

③ 罗晓林,张洁廉.基于城镇化进程中的语言监测探索:以湖南省为例[J].文化学刊,2018(6):144-146.

2.参与全球生态治理实践

随着国内生态语言学学科与国外的学术交流日趋密切,其他形式的实践研究及国内外合作也迅速展开。语言生态治理是全球生态治理的一部分,当前研究也力求开展多角度、多层面、多领域的共同合作。重要成果之一是中国社会科学院语言研究所和民族研究所参与的由加拿大拉瓦尔大学主导的项目"世界的语言:中国卷",由此建立了中国语言基本结构信息的数据库,并采用生态语言学方法建立了中国语言的社会使用情况大型数据库,其可以对不同语言和方言的语言活力(language vitality)①进行计算,为相关研究提供扎实可靠的数据和参考。

3.完善各地语言档案

随着"中国语言资源保护工程"的持续推进,全国各地的语言档案逐步建立与完善。

以浙江省为例,2021年着手建设浙江省方言数据库、浙江语言资源有声数据库和浙江语言资源保护工程,计划用3年时间为古老的吴方言建立语音档案。工作原则是:以真人发音配以文本的方法来保存浙江方言,发掘并延续浙江方言的历史传承,保护其整体完备性,在有效保存的前提下合理利用,确保方言得到妥善传承和保护。这项工作在浙江这种方言众多、语言地域特点鲜明的代表性地域尤为重要,有利于高效整理和记录语言与方言、维护语言多样性和文化多样性、增强民族凝聚力。

---

① 孔江平.中国周边国家语言生态研究的学科范畴和意义[J].暨南学报,2016(6):2-7.

二、语言规划与语言战略研究

(一)语言生态规划的基本原则

冯广艺率先将语言生态研究与国家生态文明建设、语言规划相结合[①]，并从宏观角度探讨了语言的变化、变异等语言生态问题[②]，呼吁重视和保护语言资源，并提出相应对策[③]。在此基础上，他提出了语言生态规划的若干原则：语言多样性原则、语言和谐相处原则、语言动态平衡原则、语言整体优化原则。[④]

(二)语言战略和语言生态建设研究

国外生态语言学研究多关注语言与自然环境之间的关系，我国生态语言学研究在黄国文等人的带领下，多从全新的语言观出发，充分考虑语言系统作为生态系统重要组成部分的特点，将生态语言学研究与我国的生态文明建设和社会主义现代化建设、和谐社会构建等相联系，在现实问题驱动下进行本土化研究。

学者的研究颇具战略眼光。徐盛桓主张对中国生态语言学研究采取全局性方略，将和谐社会、生态文明等突出特征纳入研究的长远规划[⑤]；陈章太强调，在研究与制定语言政策、语言战略、语言规划，构建和谐语言生活时，应当重视和谐语言生态建设，充分考虑我国语言多样性和语言生态的层级

---

① 冯广艺.生态文明建设中的语言生态问题[J].贵州社会科学,2008(4):4-8.

② 冯广艺.生态文明建设与语言生态变异论[J].中南民族大学学报,2009(4):149-152.

③ 冯广艺.生态文明建设中的语言生态对策[J].贵州社会科学,2016(2):9-14.

④ 冯广艺.谈谈语言生态规划及其原则[J].湖南师范大学社会科学学报,2013(6):14-17.

⑤ 徐盛桓.语言研究的战略意识[J].中国外语,2011(3):11-14.

性特点,将宏观层级的语言生态(即和谐社会和生态文明)、中观层级的语言生态(如和谐话语)、微观层级的语言生态以及虚拟世界的语言生态等有序结合考察,从各层级入手实现和谐话语与和谐社会构建。① 此类研究为新时代我国语言生态理论建设与实践指明了方向。

黄国文指出,和谐社会构建与生态文明建设对于生态语言学研究有纲领性作用。他认同陈章太、徐盛桓等的战略意识和学术观点,提出和谐生态话语分析的基本原则,主张构建和谐话语,同时也强调语言学者应加强在生态语言学研究中的社会责任,以更好地为我国社会主义生态文明建设服务。②

(三)"一带一路"建设中的语言生态研究

2015 年,暨南大学设立了语言文化生态研究中心,主要进行环南海国家和地区的语言文化生态问题研究,为"一带一路"建设服务,由此催生了一系列研究成果。

农雪明针对东盟框架下的广西语言生态现状进行研究,指出为更好地发挥广西作为中国与东盟双向交流重要框架的作用,需要从英语教育、民族语言教育、壮语教育、双语教育、对外汉语教育及文化教育等方面探索全新的语言生态平衡发展模式和途径。③

一方面,语言互通是"一带一路"建设的重要前提;另一方面,语言多样性对整个语言生态系统十分重要,要采取必要措施保持语言多样性,从而确保语言生态系统平衡,为"一带一路"建设提供语言文化保障。

---

① 陈章太.构建和谐语言生态[J].语言战略研究,2016(2):1.

② 黄国文.生态语言学的兴起与发展[J].中国外语,2016(1):1,9-12.

③ 农雪明.东盟框架下的广西语言生态发展[J].中北大学学报(社会科学版),2015(5):6-9.

三、生态话语分析研究

受韩礼德影响,国内不少学者采用非隐喻范式进行生态话语分析等研究。黄国文提出,国内生态语言学研究应该考虑社会文化的影响,始终把中国历史文化、社会背景、科学技术、生活方式等因素当作非常重要的生态因素加以考虑。他提出了中国语境下的和谐话语分析构想,并明确其目标、原则与方法,建构了本土化生态语言学研究理论和研究模式,有力地推动了我国的生态话语分析研究。① 其他学者也开始探索中国哲学中的生态观念及其对话语分析的启示。

(一)中国传统生态哲学基础上的和谐话语分析

黄国文在系统功能语言学框架下创新性地提出中国语境下的和谐话语分析,融合了生态学、语言学、中国传统哲学(包括儒家和道家哲学理念)、中国传统文化等理论与方法,旨在以"和谐"生态哲学观为指导,对中国话语进行生态特征的分析,从而建构生态话语、提高人们的生态意识,解决生态问题。

1.拓展了研究内容与目标

黄国文主张对所有类型的话语进行生态分析,以探究话语构建者的生态意识,这大大拓展了生态话语的分析和应用范围。同时,他注重对语言与社会的互动关系的探讨,结合中国传统文化与社会主义现代化建设背景,指出和谐话语分析应具有中国特色的"生态观"和"生态哲学",在此基础上强调话语分析的社会责任。②

---

① 黄国文,赵蕊华.生态话语分析的缘起、目标、原则与方法[J].外语教学与研究,2017(5):1-11.

② 黄国文,陈旸.生态哲学与话语的生态分析[J].外国语文,2016(6):55-61.

2.明确了和谐话语分析原则

黄国文首先肯定韩礼德的非隐喻范式更能揭示语言的社会功能以及语言与自然环境、社会环境之间的关系，同时认同斯提布的三大话语类型——有益性话语、破坏性话语以及中性话语，强调"语言使用者鲜明的话语态度"与"话语分析者深刻的生态话语观"息息相关；在此基础上，结合我国传统文化和生态国情，提出和谐社会构建对三类话语的具体要求，明确提出和谐话语分析中"以人为本"的假定、"良知、亲近、制约"三个原则，阐明了国内语境下进行和谐话语分析的哲学根源和分析原则，并重申了分析过程中生态语言学研究者的社会责任。①

3.强调分析者的"和谐"生态哲学观

黄国文指出，生态哲学观在"生态人"建构的"识解"和"识构"方面具有重要的生态伦理指导作用。基于儒家"天人合一"和道家"无为"智慧，他提出"思，以生态语言学为本；行，以生态语言学为道"，对生态破坏行为提出警示，指出在生态实践方面应该"有所为，有所不为"。②

周文娟认为，黄国文在中国语境下依据一脉相承的语言观、生态观和哲学观，从社会伦理维度和生态维度出发，提出了"和谐话语""社会责任""生态化取向"和"生态人"四大理念。上述理念成为连接系统功能语言学与生态语言学、西方生态语言学与中国本土生态语言学的重要桥梁，充分体现了中国生态语言学本土化理论建构应持有的战略意识、学术意识、学科意识、

---

① 赵蕊华,黄国文.生态语言学研究与和谐话语分析:黄国文教授访谈[J].当代外语研究,2017(4):15-18,25.

② 黄国文.外语教学与研究的生态化取向[J].中国外语,2016(5):1,9-13.

生态意识等四大意识。① 国外生态语言学奠基人、著名生态语言学家菲尔与彭兹也指出这是新的"哲学范式"（philosophical model），充分肯定其学科价值与意义，指出"生态语言学的哲学的一面也出现在中国"，"有助于通过解决一些生态环境问题改善我们的生活，而是更多地把它视作一种哲学、一种精神状态；在这里，和谐在所有观念中是最重要的，且占支配性地位"。他们还强调："生态语言学被认为是存在于儒家与道家哲学精神中的，它们特别强调人与自然之间的和谐。"②

（二）关注国际生态系统的"文化外交模式"

何伟也是生态语言学中国本土化理论建构的代表人物。21 世纪以来，国内非隐喻范式研究进展迅速，"哲学范式"研究成果丰硕，何伟重点发展了其中的"文化外交模式"，在中国文化基础上放眼全球生态治理，在理论本土化建构方面进行了有益尝试。其代表性观点和进步性体现在以下方面。

1.扩大生态话语分析范围

何伟、魏榕指出，生态话语分析对象可以是所有话语。生态话语分析有着宏大的目标与明确的价值观导向，既可以分析与环境相关的话语，也可以对任何话语进行生态取向的分析，其范围可以涵盖"人与自然"和"人与社会"两大类。③

----

① 周文娟.中国语境下生态语言学研究的理念与实践：黄国文生态语言学研究述评[J].西安外国语大学学报,2017(3):24-28.

② Fill A,Penz H. Ecolinguistics in the 21st century:New orientations and future directions[G]//Fill A,Penz H. The Routledge Handbook of Ecolinguistics. London:Routledge,2018:437-443.

③ 何伟,魏榕.多元和谐,交互共生:国际生态话语分析之生态哲学观建构[J].外语学刊,2018(6):28-35.

2.提出普适的"和谐"生态哲学观

何伟、魏榕充分肯定我国传统生态哲学与智慧,她继承和发扬了儒家的和谐观念,针对不同社会生态系统提出"和谐"生态哲学观。其生态话语分析范式也在系统功能语言学框架下加以深化和细化,融合生态学、语言学、中国传统哲学、中国传统文化、政治学、经济学、社会学等方面知识,创新生态哲学观构建,提出中国语境下的多元场所观和"多元和谐,交互共生"的和谐外交观。何伟、魏榕还在细化生态场所观中的人际关系系统的基础上,对表征国际关系的话语进行生态分析,以提倡生态保护型话语使用,抵制生态破坏型话语使用,完善模糊性或中性话语,最终促进国际社会生态系统的良性发展。①

四、生态哲学观建构研究

随着生态语言学在中国研究的深化,学者开始着力探索中国语境下的理论与方法,在生态话语分析的基本原则和生态哲学观建构方面产生了诸多重要成果。

(一)语言生态伦理研究

潘世松在豪根范式下提出了"语言生态伦理"的生态哲学观。他强调,各种语言应和谐共生,如此才能保障生物多样性。②

---

① 何伟,魏榕.生态语言学:发展历程与学科属性[J].国外社会科学,2018(4):113-123.

② 潘世松.语言生态伦理的性质及原则[J].南昌大学学报(人文社会科学版),2014(3):151-156.

（二）和谐生态哲学观

在我国，"和谐"即"生态"。学者历来重视和谐理念的研究与应用。

黄国文摈弃西方哲学传统中人与自然的二分法，提出中国语境下的生态语言学研究应该遵循中国古代"天人合一"的根本理念，同时要充分结合中国当代社会的政治、经济、文化方面的特点，在话语分析中采用"和谐"生态哲学观，以促进中国语境下人与人、人与自然之间的和谐。这一生态哲学传统得到当今西方学者的广泛认可，并成为中西生态语言学研究最大的不同点。

何伟、魏榕针对自然生态话语提出了"和谐生态场所观"，旨在促进环境保护；同时，针对表征国际社会生态系统即国际关系的国际生态话语提出了"多元和谐，交互共生"的生态哲学观，旨在促进国际社会生态系统的良性发展。[①]

五、和谐生态语言学研究

周文娟引述了菲尔在《劳特利奇生态语言学手册》"引言"中对中国生态语言学研究的评价："中国学者将生态语言学看作一种统一的生态世界观，表达了人与自然的和谐。……中国学者基于儒道哲学传统进行的生态语言学研究在未来发展中将发挥着越来越重要的作用。"由此可见，中国生态语言学的和谐思想已经基本成形，具有鲜明的生态价值取向。[②]

[①]　何伟,魏榕.多元和谐,交互共生:国际生态话语分析之生态哲学观建构[J].外语学刊,2018(6):28-35.

[②]　周文娟.生态语言学研究的新视角:和谐生态语言学[J].阴山学刊(社会科学版),2019(2):78-82.

（一）形成新兴的儒学范式

黄国文、何伟等人都在中国传统生态哲学的基础上继承和发扬儒道文化中"天人合一""人与自然和谐"等生态理念，并将其运用于中国语境下的生态话语分析，实现了生态语言学研究的哲学转向。相关研究被称为"哲学范式""儒学范式"，丰富了生态语言学理论，也为国内外生态语言学研究提供了可资借鉴的科学范式。

（二）形成和谐生态语言学

周文娟对我国的和谐生态语言学进行了深入总结。她指出，中国生态语言学研究者引介国外成果的进程中呈现了"模糊→凸显→深化"的嬗变轨迹，反映了中国学者对生态语言学这一新兴学科的认知不断深化。"和谐生态语言学"作为生态语言学的新范畴，是指中国语境下以中国和谐生态智慧为哲学基础，吸取中国生态语言学的和谐思想，以处理生态危机中的观念问题、提升人类和谐生态观为目标的研究视角。我们可以将和谐生态语言学视为一种新视角，它在一定程度上也丰富了生态语言学的超学科性。和谐生态语言学不再将生态语言学看作语言学范畴的一个分支或者一门交叉语言学科，而是视为一种超越学科的世界观和价值观。这种世界观以生态语言学为平台，借助语言（话语）的媒介作用，充分挖掘其处理作为"观念危机"的生态危机所存在的意识问题的积极潜势，在我国生态语言学本土化理论建构中具有开创性意义。①

---

① 周文娟.生态语言学研究的新视角：和谐生态语言学[J].阴山学刊（社会科学版），2019（2）：78-82.

第四节　生态语言学本土化研究趋势

我国的生态语言学研究尚处于起步阶段,当前的迫切任务是全面认识生态语言学学科,了解学科研究对象、范围、目标,指明这一学科需要做什么工作、能解决什么问题。

与国外生态语言学发展情况一致,我国生态语言学仍旧是十分年轻的新兴学科,在学科理论建构、研究方法等方面有巨大的发展空间,但也同样存在研究对象不够明确、研究方法不够系统、研究范围不够清晰等显著问题。在今后的研究中,随着人们对语言与生态关系的认识逐渐明朗,这些问题应该能得到妥善解决。

生态语言学家不仅需要超越传统生态语言学作为语言学分支的理念束缚,致力于建立统一的生态语言科学,更需要超越传统文化二元论,秉承自然化的语言观。只有这样,生态语言学才有可能成为连接人文学科和自然学科的重要纽带。①

我国的生态语言学研究应当在这些认识的基础上进一步强化生态语言学学者的社会责任感和使命感,并着力做好以下工作:

第一,将生态看作一个视角,冲破传统语言学理论的束缚,以更广阔的视野进行多学科理论融合下的生态语言学研究。

第二,树立"和谐"生态观,积极探讨生态和谐而非简单地进行生态批评,冲破传统二元对立的观念,力求通过生态语言学研究推动实现人与自然

---

① 阿尔温·菲尔,苏内·沃克·斯特芬森.论语言的社会文化生态与认知生态[J].周文娟,译.鄱阳湖学刊,2016(4):11-18.

和谐共生。

第三,积极探索我国语言学科与生态学科高度融合的路径,紧密联系我国社会主义生态文明建设实际,融合中国传统文化,进行中国语境下的语言生态研究。

第四,以解决生态问题为导向,通过生态语言学研究解决语言问题和生态问题,加强引导和教育,通过一定的措施促使人们关注生态,增强生态意识。

第五,注重科学的生态哲学观培养和生态素养教育。黄国文指出,个人的生态观受其出生环境、生长氛围、教育背景、所处的社会体制、自身信念、意识形态、宗教信仰等的影响。未来的生态语言学研究需要在语言研究的基础上,加强对人们生态读写能力的培养,使人们"思,以生态语言学为本;行,以生态语言学为道",可以通过现代化手段打造更广阔的生态教育平台,形成社会生态意识形态,培养更多的"生态人"。①

---

① 黄国文.外语教学与研究的生态化取向[J].中国外语,2016(5):1,9-13.

第三章

生态危机及其反思

第一节　生态危机的严峻性

近年来,全球性生态危机日益严重,生态问题成为各国关注的焦点问题,亟须寻求有效途径缓解危机、进行生态治理。在这一背景下,生态学兴起,普通生态学(general ecology)逐渐成为一个泛学科的研究领域,在自然生态学(natural ecology)之外,又与社会学、心理学、经济学、文化学、语言学等多种社会科学融合,人类生态学(human ecology)发展迅速,各领域都在探索生态危机的治理路径。

全球化进程中,各国的生态问题呈现出明显的普遍性。在我国,经济发展的迫切需求也带来生态环境的破坏,生态状况日趋恶化,再加上东西部的自然地理差异悬殊,导致生态发展不平衡,西部的生态环境尤为脆弱,各类生态问题突出,自然生态现状十分严峻。与此同时,社会、语言、文化等方面的生态问题也逐渐显现,同样需要重视。

当前我国社会主义现代化建设进入新时代,要全面建成小康社会,就必须搞好生态文明建设,积极应对各类自然生态和社会文化生态问题,以促进经济社会转型和优良文化传承,实现美丽中国建设的目标。就世界而言,创造良好的生存环境、保护自然生态和社会生态、实现生态全球治理和可持续发展也是各国人民的心之所向。因此,面对生态危机,世界各国要互通互惠、精诚合作,齐心协力进行全球生态治理。

本章从关注全球生态危机现状出发,从显性和隐性两个角度分析当前多元化、复杂化的生态问题与危机,提醒人们关注身边习焉不察的自然生态和社会生态问题,以便从长远角度关注世界生态的发展趋势;在此基础上剖析危机产生的深层次原因,以期引导人们拓展生态认知、增强生态意识,以生态思维看待自然现象和社会现象,从而更好地保护生态环境。

第二节　全球性生态危机现状

当今世界生态问题及生态危机日益多元,呈现出显性和隐性两种状态。显性危机体现为工业革命持续深入、全球化进程加速和经济社会等的变迁造成的生态环境不堪重负,表现为各种真实可感的生态问题。稍加留意即可发现,它们的存在真实地威胁着人类生存。隐性危机则表现为科技发展、观念改变等在影响人类思维及言行的同时,也在间接而持续地对自然生态产生消极影响。但人们往往更关注科技与社会发展给人们带来的便利及实惠,而忽视了它们对生态产生的消极影响。因而隐性危机有其隐蔽性,往往会造成更严重的后果,与显性危机一样不容忽视。

一、显性方面：生态系统遭到严重破坏导致危机四伏

(一)自然生态系统失衡

随着工业革命持续推进,机械化、电气化、智能化进程的加速使社会经济快速发展,人民生活极大改善,人口数量也急剧增长,人类在地球进程中逐渐占据主导地位,施与其他物种和环境的影响日益凸显,由此产生许多不合理的、过度的资源开发等活动,导致生态环境遭到前所未有的破坏。

(二)社会生态危机严重

全球化进程的加速同时造成语言濒危、文化消亡等社会人文生态危机,自然界生物多样性锐减的同时,也伴随着语言文化多样性的减退,各类生态

治理成为亟待进行的紧迫任务。在这一形势下，越来越多的人开始用生态的眼光看待世界发展，反思人类行为在生态危机中的影响。从生态的角度来看，人与自然的关系正在发生变化，与自然界其他生物的矛盾日益激化，由此产生的人口、环境、资源等显性危机都在严重威胁着地球可持续发展进程。

二、隐性方面：思维方式改变及科技发展带来多重隐患

（一）人类生态意识淡薄导致大量非生态行为产生

随着人类社会的发展、经济的改善，民众的生活水平提高，产生更多的物质生活方面的需求，消费主义观念又进一步推动生产方式的变革，促使生产商制造出更多的商品。这些无疑都会造成自然资源的过度消耗和生态系统中其他要素的大量损耗，甚至不乏以牺牲生态环境为代价发展经济的情况，以至于各种隐性环境问题接踵而至，比如土壤污染、水污染、臭氧层破坏、全球变暖、气候异常、极端天气频发、生物物种减少、病毒肆虐等。这些生态问题的影响不是直观可感的，其暴露缓慢、隐蔽性较强，短时间内不容易察觉。更需要重视的是，这种破坏是根本性的、不可逆的，严重威胁着人类未来，比显性生态危机杀伤力更大。

究其根源，可以发现大多数隐性危机的产生源于人类的错误认知。当今世界，人类已经成为主导地球发展的主要力量，主体性意识空前膨胀，对自然环境造成破坏的人类活动日益频繁。但在多数人看来，不从自然界获取资源就无法促进经济迅速发展和社会进步，向自然索取是天经地义的事情，自身行为并不会对自然界造成多大影响，不必考虑长远的、累加的危害。因此，就其本质而言，人们的生态思想意识薄弱造成了各类生态问题，大多数人对于人与自然的关系缺乏长远眼光和危机意识。

(二)科学技术快速发展对生态环境的干预与破坏

科技的迅速发展在给人们生活带来极大便利的同时,也对传统生活方式造成巨大冲击,使得对自然资源的开发和利用更为"彻底"。同时,科技的发展进一步增强了人类征服自然的自信,人与自然的关系悄然改变,人们对自然的依赖逐渐减弱;人类自认为是自然界的主宰,对环境的技术性干预越来越多,对其他非人类生命体和非生命体的随意处置情况也日益增多。因而,在信息科技迅猛发展的时代,人类对生态环境的破坏前所未有,以至于短短几年内造成的破坏力超过以往几十年。

随着世界各国对生态问题的重视程度加深,人们开始意识到生态保护的重要性。20世纪50年代起,多国人文学者开始反思并发现科技发展对自然生态、社会文化和语言环境的破坏,主张对抗科技在人类社会生活领域的侵入,并从自身做起,避免过多依赖先进科学技术。但科技社会发展的历史进程毕竟无法阻挡,如今,网络信息技术、新媒体的兴起与快速发展对生活造成了更大的影响,在一定程度上颠覆了原有的社会价值体系,使人们过于关注自我而忽视外部环境的保护与建设,对自身造成的生态环境破坏事实不以为意。同时,科技的发展、社会的变迁又使得部分非生态行为更具有隐蔽性,反而会增加对动物及自然界的伤害。因而,在生态危机原因探讨方面,科技发展带来的副作用等隐性危机必须受到重视,它们在一定程度上是生态危机日益严重的罪魁祸首。

(三)主流话语体系改变使社会文化生态遭到破坏

20世纪中叶,西方经济在工业化浪潮中进入快速发展期,"经济至上""消费主义"等观念充斥于社会各个领域,随之逐渐进入主流话语体系,极大影响人们的生态认知,传统社会文化体系受到严重冲击。而由此形成的追求经济利益最大化的社会意识,使人们更加不择手段地掠夺自然,加剧了生态环境的恶化。这类隐性危机充分显现出自然生态与语言文化生态的紧密相关性,以及语言中词汇、语法等系统中非生态因素对自然生态产生的负面影响。此外,当今社会上随处可见的网络暴力、语言暴力等现象也源自虚拟空间中人的主体性膨胀,针对个人言行的理性约束机制的缺失则使得大量非生态言语充斥网络,给其他个人及外部环境(自然与社会)带来极大危害。网络生态环境恶化已经是较为突出的社会文化生态问题,值得充分关注。

可见,社会文化生态的各类问题也属于隐性生态危机,同其他生态危机一样亟须解决。

(四)语言生态危机对自然生态系统产生消极作用

语言系统是生态系统的重要组成部分,目前主要的语言生态危机体现为语言消亡、语言濒危、语言变异、语言文化传承断代等问题。语言文化多样性和生物多样性的关系历来是生态语言学研究的重点,大量的早期研究成果表明,语言多样性与生物多样性之间紧密相关,生物多样性越高的地区,其语言多样性程度也越高,而语言的消亡最终会影响到该地区的生物消亡,对自然生态产生明显的反作用。

2010年发布的有关世界语言多样性的首次定量统计和分析报告表明,1970—2005年,全球语言多样性减少20%,本土语言多样性在世界大多数地区急剧减少,世界上16种最强势语言则增加了45%～55%的使用人口。[①]还有不少语言处于濒危状态或正在走向消亡,语言消亡的速度甚至是生物物种消亡速度的数倍。

---

① 肖自辉,范俊军.生态语言学的发展、创新及问题:2006—2016[J].南华大学学报(社会科学版),2017(3):94-99.

目前,这种隐性危机尚未得到全社会普遍关注,很多人并未将语言文化危机列入生态危机范畴,这是认识上的落后。今后,学界需要加强相关研究,并扩大宣传,使这类危机得到全社会关注与重视,使人们充分认识到语言危机与生态危机间的有机联系,群策群力,积极寻求科学的解决途径。

第三节 我国面临的生态困境

一、特殊的生态国情

党的十八大以来,党和国家一直把生态文明建设放在社会主义现代化建设的突出位置,已经取得了丰硕的成果,也坚定了广大人民进行生态文明建设的决心和信心。

与此同时,全球性生态危机日益严重,我国的生态国情与生态困境也必须予以正视。比如,我国地理环境独特,地区间生态不平衡,中东部自然生态环境较好,但人口密集、生态环境压力巨大;西部以草原、戈壁沙漠、绿洲和雪域高原为主,生态系统非常脆弱,环境容量有限。同时也要看到,生态危机的产生在我国也有其特定的社会历史原因,比如:经济发展的必然需求催生了大量生态破坏性行为,土壤污染、水污染、开山挖矿、毁林造田等现象都大量存在;人民的生态思想意识也相对落后;等等。总体而言,我国的生态危机日益严峻,虽然经过多年的生态治理,但目前污染重、风险高的生态环境状况并没有根本改变。

二、生态困境原因分析

(一)经济社会发展的迫切需求导致片面追求经济利益

我国社会主义初级阶段的现实情况要求把发展经济、提高人民生活水平放在突出位置,但在发展过程中片面追求经济利益,导致生态环境严重破坏。进入社会主义建设新时代,发展经济仍是国家重要任务之一,如何因地制宜、正确处理发展经济和保护生态的关系,仍旧是我国社会主义文明生态建设中的重要课题。

(二)公民生态素养不高影响生态实践

目前,广大民众的生态相关知识普遍缺乏,生态意识淡薄,对环境保护与人类自身利益之间的关系,以及如何实施生态保护行为等方面的认识相当不足,缺乏生态保护的自觉性和主动性。

(三)对人与自然关系的认知不够科学

在我国,人与自然对抗的观念仍然在社会上普遍存在,这种观念的形成有其历史原因。在我国历史上,农业经济始终是国民经济的重要组成部分,整个封建社会盛行的小农经济使生产力水平持续落后,农作物的种植受自然因素影响明显,广大人民一直在与自然灾害作斗争的过程中生存与发展,人与自然对抗的认知倾向相对固化,人们理所当然地认为应该利用和改造自然。因此,"人定胜天"这一说法成为人们的前进动力和行动指引,被普遍认为是积极向上、值得提倡的思想。尽管现在国家大力提倡生态文明,但这种落后观念短期内难以改变;同时,中国传统文化中"天人合一"的观念在大多数人的劳动生产实践中没有产生积极影响和实际效果,"人与自然和谐共生"的理念也未能有效贯彻到生态实践中。

(四)资源无限性的错误认知影响生态态度

对于人类个体而言,自然资源无疑是非常丰富的,无须考虑资源的不可再生性和有限性。尽管我国传统文化一向倡导有节制地利用自然资源,人们也普遍认同这样的观点,但在生产生活实践中往往将之抛诸脑后。在对待自然资源的态度方面,很大一部分人只看到眼前利益,较少考虑人类社会的长远利益,缺乏可持续发展的观念。

三、我国生态治理的特殊性

从以上分析可以看出,我国生态危机的产生有其特定的历史、社会、文化、语言等方面的原因,要解决生态问题、为人们创造良好的生态环境,满足新时代人们的多元化生态需求,也应该从生态、社会、文化、语言等多种维度、采取多种途径共同推进。

我国社会主义生态文明建设以马克思主义生态哲学和中国传统文化中"以人为本"的生态伦理为理论指引,强调正确处理人与自然之间的关系,其核心为尊重自然、顺应自然、保护自然,追求人与自然和谐共生;既要确保我国的经济社会快速发展,又要保护自然生态环境,走绿色可持续发展之路。我国多年的生态文明建设已经充分验证了这一思路的可行性。生态语言学研究中也要重视利用其宝贵的生态理念,积极探索有效的生态治理路径。

第四节　生态危机反思

一、对人与自然关系的认知及其影响

人类是生态环境破坏的施为者,其生态意识与认知对生态危机的产生具有决定性作用,因而,如何看待人与自然的关系成为影响生态环境的最重要因素。目前,生态方面的种种情况表明,生态系统失衡源于对人与自然关系的错误认知。总的来说,人与自然关系的认知体现于思想意识、语言文化和行为实践三个方面,直接影响生态系统。本节主要关注几种有代表性的观点并分析其消极影响和积极影响。

(一)几种西方主流生态流派

在生态危机驱动下,人们开始郑重审视和反思自身行为,对人与自然的关系以及人在生态系统中的地位产生了不同看法,形成不同的人文流派。

1. 环境主义与环境中心主义

环境主义的产生来自人们对生态危机的普遍关注,强调环境的重要性以及人类对环境的依赖。环境主义引导人们重视生态环境保护,突出人与自然的密切关系,是在生态危机日益严重的社会现实下积极寻求解决途径的思想流派,具有明显的进步意义。

随后产生的环境中心主义(environmentalism)进一步强化环境概念,更加强调环境在人类发展中的核心地位,以消解人类在自然生态环境中的主体地位,并主张通过限制发展来保护环境。相比之下,环境中心主义的观点更明确,尤其强调生态保护的重要性,但其观点又不可避免地走入另一个极端,即忽视人类的主体作用,认为应以损害人类利益为前提保护环境。这就与人类生存的现实产生矛盾。今天看来,这种观念本质上体现了一种对立思维,将环境界定为一个"二元论""中心论"或"对立论"词语,表明环境与人类相对立的地位。

有学者认为,对环境中心主义的强调实则暗示了人类中心主义观念的存在:如果人们认识到这一点想要有意克服时,则又会陷入以对象为中心的极端环境中心主义,始终深陷"二元论""中心论"的窠臼。① 因此,尽管这两种理论在尝试解决生态危机方面具有进步意义,但本质上仍未在人与自然关系方面形成科学认知。

2.非人类中心主义

随着社会发展与生态危机的进一步恶化,非人类中心主义作为与人类中心主义(anthropocentrism)相悖的人文流派,成为西方话语体系的主流。人类中心主义强调人的主体性和特殊性,认为应该确保社会发展中人类的利益,淡化或忽视自然及非人类生物的重要性。这种观点很容易引发对生态环境的破坏,忽视生态危机的严重性,与社会可持续发展理念相背离。

因此,对这类观点进行批评的非人类中心主义产生。非人类中心主义认为人类不应只考虑自身利益而置自然界其他生物于不顾,强调自然界其他生物与人类具有相同的重要地位,应该善意保护自然、维护生态系统平衡。这种观点在思想认识上更具进步意义,在一定程度上有助于培养和提升人们的环保意识。

---

① 滕菲.习近平生态文明思想对人类世时代生态哲学的价值[J].中国人民大学学报,2020(3):43-50.

非人类中心主义之下有诸多分支,包括动物解放主义(或动物权利主义)、生物中心主义和生态中心主义等,观点略有差异,但它们的共同点颇多:都反对以人类利益衡量生态问题的尺度,反对强调人类优于自然界其他要素的特征;主张给予其他生命体和无机环境以伦理关怀;认为人类与自然在本体论上是平等的,自然界独立于人类而存在,不以人的存在为目的,也不以人类为中心、不以人的意志为转移,人类与自然万物具有同等特征,因此人与自然在价值论意义上也是平等的。这些观点适应生态危机日益严峻的社会现实,获得更普遍的认可,成为西方环境伦理学的主导话语。

但从其生态观念的本质来看,非人类中心主义理论本身也存在诸多矛盾之处,包括如下方面。

(1)不认可人类利益的正当性

非人类中心主义主张万物平等,但实际上,人类既然与自然界其他生命体平等,就应该同样享有把环境要素当作资源加以处置的权利,因而批评人类利用自然资源的观点就无法成立,其观点的实现缺乏有力证据。

(2)消解人类的主体性

非人类中心主义批评人类把自然万物当作认识和利用的对象,同时又强调人类应该肩负起维护地球生态平衡的重要使命。试想,如果人类无法认知自然、利用自然、实践自然,又如何能够完成保护生态的重要责任与使命?因而这一说法也有失客观。

(3)过分强调人与非人的共性

非人类中心主义在强调共性的同时抹杀了人类的特殊性,过分强调人与自然界中其他生命体的平等,导致人与其他要素的同质化。事实上,人与自然界中其他生命体或非生命体的差异性更强,所有生命体中,只有人类可以有意识地选择与干预自然发展的走向,并有意识地进行生态治理,弥补对自然造成的种种危害,使其向有利于可持续的状态发展。因此,非人类中心主义也暴露了对人的认识的片面性,从而引发更广泛的质疑。

(二)我国传统生态哲学的积极影响

1.传统生态哲学智慧

我国古代哲学中多有与自然相关的言论,道家、儒家典籍中有很多关于人与自然关系的认知,"天人合一""以天地万物为一体""天地以生物为心"等观念都体现了古代先贤的生态哲学观,体现了热爱自然、尊重生命的生态保护意识;同时,对于人与自然界其他生命体、非生命体之间的关系,中国传统哲学也做出有效区分,既强调人与自然合一的客观现实,又清醒地认识到人与自然界其他要素的区别和差异,明确人在生态保护中的主体作用。这种基于长期生态实践形成的人与自然关系的认知,与西方几种主流人文流派相比,更具客观性,也能够在生态保护中发挥积极作用,对今天的生态语言学研究和生态文明建设仍具有重要意义。

2.中国古代生态观的现实价值

(1)"以人为本"理念

由于非人类中心主义自身存在很多无法解决的悖论,我国生态语言学家在对西方人文流派与观念加以发扬的前提下,转而从传统文化和生态哲学中寻求合理解答,借鉴"以人为本"的思想用于生态语言学研究,阐释人与自然之间的合理关系。

黄国文指出,"以人为本"理念首先强调人与自然界其他生命体的平等地位,承认动物和植物的生命都需要加以爱护,但考虑到人类社会发展的需求,同时又要承认人类在地球生物系统中的主体性,在人与动物之间人是首选。在此理念指导下,黄国文确定了中国语境下生态话语分析的三个原则——"良知""亲近""制约"。良知原则是指主动、自觉、自愿地关爱自然,追求人与自然的和谐共处,努力维护自然生态系统的平衡。亲近原则是指对人与其他自然要素加以区分。根据亲近原则，人与地球上其他生命形式由于地理、空间、认知、情感和知识结构等方面的因素而有不同的亲疏关系，要按关系差异对生态话语和行为做出判断。制约原则指人的行为还应该受到个人修养、社会约定和国家法规的制约。①

(2)中国生态智慧的进步意义

可以看到，中国传统文化中蕴含的生态智慧，至今仍能为生态危机的解决提供重要参考。与其他西方人文流派的观念相对比，"以人为本"理念更为全面、客观，其进步之处表现在以下方面。

首先，体现了人与自然的合一性。传统老庄哲学主张"天人合一"的生态观，强调人是自然界的重要组成部分，人与自然环境是统一整体。如《庄子》中表达为"天地与我并生，万物与我为一"；道家哲学认为，人类源于自然，只有依赖自然界及其要素才能生存，因此要保全生命，保全包括人类自身在内的自然界中所有生物。

其次，体现了人与自然万物的平等性。人类与自然界其他要素同处于宇宙大系统中，因而同样拥有利用自然的权利，拥有发展延续的正当权益，不能无视人类发展的现实需求而抑制其利用自然的合理性，不能因人类的主体性而剥夺其正当权利。

再次，指出了人类的特殊性和人类利益的正当性。虽然人与万物平等，但人类自身特点决定了人与自然环境之间有亲疏关系，需要区别对待、正视生物圈的等级秩序，因而人类在利用自然的能力和水平方面就与其他生命体有了差异。

最后，强调了人类的主体性和主观能动性。正因为地球生物圈有其特定秩序，人类与其他生命体既有同等权利又有不同差异，因而人类更应该担

---

① 黄国文.论生态话语和行为分析的假定和原则[J].外语教学与研究,2017(6)：880-889,960.

负起维护自然生态平衡的重要使命、保持生态自觉,充分发挥主观能动性来保护自然界,使其朝可持续的方向发展。

(三)人与自然关系错误认知的影响

1.错误认知导致非生态行为

观念认知影响言语行为,非生态的实践最终导致各类生态危机。

人类因自身影响与改造自然的能力越来越强大,而忽略了自身也必须依赖自然、仍与其他生命体在自然界中地位相同,往往会将生态系统中其他生命体与非生命体都物化为货币价值,即使认识到保护生态环境的重要性,也首先以保障人类利益为出发点和落脚点。这一错误认知定义了人类在自然界中的角色和地位,暴露了人类自私、贪婪和冷漠的一面。尽管有不少研究者和多领域人员参与到生态保护中来,但社会上的大多数人仍对生态保护持冷漠态度,生态意识较为薄弱。

2.生态治理需要正本清源

生态问题的解决首先要让人们纠正错误的生态认知,重新认识人类自身在自然界中的地位,正确看待人与自然、与其他生物之间的关系,重视自然界中非人类要素尤其是非人类生命体在生态系统中的角色及价值,明确它们与人类之间的正确关系,不应仅仅将其物化成被利用、为发展经济服务的对象。同时,人类要重视自身在自然界中的主体性。人类利益有其正当性,但不能使主体性过度膨胀,要正确处理个体需求与社会发展之间的关系,实现从"人类中心主义"到"人与自然和谐共生"观念的转变,并在其影响下采取有利于生态保护的言行。

二、对语言文化与生态关系的认知及其影响

人类世时代,科学技术的飞速发展使人类开发利用自然资源的能力空前提高,人类活动带来的环境危机也日益严重。生态语言学认为,语言系统是生态系统的重要组成部分,语言和语言学是干预社会和政治的重要手段。语言是人类最重要的活动,人类通过语言来反映现实、构建世界,人类的生态认知反映在语言成分中,又通过言语、行为不断对生态产生影响。

因此,需要从语言角度审视生态问题,重点研究语言是怎样影响生态的,探讨如何利用语言改善生态环境。生态语言学研究成果为寻求生态治理的语言学路径提供了可能。

(一)语言、文化与自然生态密切相关

生态语言学研究成果已经充分证明语言多样性、文化多样性与生物多样性之间的相互作用。全球生态环境的恶化使人们渴望和谐的生态环境,人文学科领域的研究者则普遍开始反思生态危机的原因并积极寻求解决途径。对语言与生态关系的探讨是其中的重要内容,以语言多样性为核心的语言生态观引发广泛关注。

1.语言多样性与生物多样性密切相关

生物多样性是地球的基本特征之一,生物多样性鲜明的区域,在语言与文化方面也具备多样性。语言多样性、文化多样性和生物多样性都是人类生存的必需,又形成一个相互关联、相互作用的有机整体。一方面,生物多样性决定了语言多样性;另一方面,语言的变化对生态环境有重要影响,一种语言的消亡也会带来相应文化的灭绝,从而影响到这一地域

的自然生态。

人类要努力维护社会语言与文化的健康发展。首先,正确认识自身在生态系统中的地位,处理好人与其他生命体的关系,做到与同一生物系统中的所有生命体和非生命体和谐相处,自觉保护身边的动物和植物,合理有效地利用自然,而不是一味向自然索取、肆意掠夺自然。其次,具备关注生态系统危机的敏感性,充分认识目前生态危机和语言文化危机的严峻性。就全球范围来看,生物物种的灭绝速度惊人,同样地,有不少语言正快速走向消亡,其速度是生物物种灭绝速度的数倍。如不采取科学措施有效干预,语言消亡状况将进一步恶化,地球生态将会面临更加严峻的危机。因此,从语言文化的角度研究生态问题,寻求缓解生态危机的语言学路径,成为人文学科发展的必然。

2.语言生态平衡是生态平衡的基本要素

如前所述,人类是自然界的重要组成部分,人与自然是和谐统一的整体,而语言是人类社会的必然产物,是人类赖以生存的重要部分。良好的生态环境是语言和文化发展的基本条件,语言生态系统平衡发展、语言生活和谐,能够有力保障文化生态的平衡,有效实现人与自然和谐共生,推动人类社会的可持续发展。这是全球生态治理的共同目标,也是我国社会主义生态文明建设的首要目标。安居乐业和幸福生活要以生态平衡为前提,生态平衡的基本要素之一就是语言生态平衡,因此,要重视并有效维护语言生态平衡,为生态治理提供必要前提。

(二)语言影响生态的原理与表现

语言生态是自然生态系统的重要组成部分,语言中的词汇、语法、隐喻等的使用都对生态环境产生影响。生态语言学研究表明,语言中的非生态因素对生态危机的产生负有不可推卸的责任。

1. 语言系统体现了人类对人与自然关系的认知

语言相对论认为，语言结构会影响人们的思维方式，不同的思维方式会形成不同的世界观。韩礼德继承和发扬了这一观点，认为人类通过语言来反映现实、建构世界，主张对语言系统进行审视和反思，对词汇、语法等英语语法系统中的非生态因素加以批评分析，从而发现其中不利于人类正确地认识自然的部分。① 还有学者从语言多样性与生态多样性的关系入手，在语言生态与自然生态之间建立联系，考察语言多样性对自然生态的影响，分析语言资源减少导致的环境恶化。② 此类研究都深入指出，生态危机的社会根源在于语言反映的现实——人与自然的关系。

2. 人对自然界其他生命体的命名体现了人类对自身主体性的强调

语言中的非生态词汇语法等对生态环境的破坏极大，但这些表达往往又是人们习以为常、习焉不察的，比如动植物的命名。语法系统中同样存在不少类似现象。

对人类来说，自然界中其他生命体是可以利用的资源，因此人们往往从是否有利于人类角度对其命名。比如，区分有害生物（pest），害虫、害兽及害鸟（vermin），杂草（weed），自然资源（natural resources）等。实际上，自然万物与人类同样拥有平等地位，应该是不以人类意志为转移的独立客观存在，人类对其命名充分暴露了人类对自身"唯我独尊"的主体地位的过度强调，对个人在自然界中地位的错误认知。这是对自然界其他要素的淡漠与忽视，不利于维系人与自然的和谐共生关系，也会加剧对自然界的不合理开发与利用。

---

① Halliday M A K. New ways of meaning: The challenge to applied linguistics[J]. Journal of Applied Linguistics, 1990(6): 7-16.

② 张琳, 黄国文. 语言自然生态研究: 源起与发展[J]. 外语教学, 2019(1): 26-31.

在英语等语言的"数"的语法范畴中,名词分为可数和不可数两大类,而空气、水、石油、煤炭、天然气、矿藏等被看作不可数名词。这反映出人类认为自然资源不可穷尽的错误思想,因为这些资源在生态意义上都是不可再生的。生态语言学提醒人们扭转这类隐匿性极强的非生态观念。

3.倾向使用增长性词汇导致对财富积累的热烈追求和对自然资源的无节制使用

如前所述,韩礼德曾重点批评语言中的"增长主义"(growthsim)现象。日常生活中,"高不高""多快"等都体现了人们对"多""高""快"等词语的偏爱,表现出重视、强调增长的社会心理;同时,人们倾向于避免使用表示"少"的词汇,比如即使没有增加,也会用"负增长"的说法表示减少。这种强调增长的思想倾向能激发人们的积极反应,引发美好的联想,从而刺激对经济增长的追求。从长远来看,这种语言现象会反作用于人们对生产和消费的态度,从而造成自然资源的浪费。

从本质上说,"增长主义"等观念只关注人类自身利益和短期利益,对自然生态系统中其他要素毫不在意,对社会财富积累持乐观态度,在一定程度上引发了生态危机。

4.体现主体性的语法表达使人类陷入与自然万物对立的状态

韩礼德批评英语语法过分强调人类的作用而不愿意接受非人类施事,因而较少使用非人类(自然界事物)施事的表达,淡化自然界其他要素;同时,及物系统对参与者、过程和环境成分的区分也使人类脱离了自然生态,成为与自然万物相对立的特殊群体。这种做法与生态系统的整体性不协调,在事实层面忽视或漠视了自然生态系统中的其他生命体。

此外,语法中主动语态与被动语态的区分也源于同一种认识:非人类的事物不具有意识,在生态系统中只能被动承受,人类可以漠视其存在,无须考虑其感受,并可以对其随意处置。这种用人类与非人类区分客观现象的做法,以及因主体性膨胀而产生的优越感(人类优于其他所有生物的认知),本质上是一种非常危险的物种歧视。

5.有生命物体和无生命物体的区分体现了人类对自身特殊性的凸显

语言中的人称代词系统能够体现人类对自然界要素的认知。

印欧语系语言中,人称代词区分为两种:有生命、有意识的具有主观态度与观点的人类生命体;其他无生命、无意识的非人类物体。这就在人类与自然界其他要素之间划出了清晰的、不可逾越的界限,意味着人类可以随意处置其他生命体、非生命体,而无须考虑行为是否合理、对方能否接受。人类赋予自身的这种特权使其对自然生态系统中本应拥有与人类同等地位的要素不加关注。韩礼德指出,这种思想是等级主义(classism)和人类中心主义的反映,在构建意识形态的过程中十分危险。黄国文等人也认为,等级主义是人类中心主义思想的反映,认为人类优越于生态系统中其他物种和资源,因此对资源的开发和其他物种的掠杀都是理所当然的。等级主义是当前大部分人仍然心安理得地破坏生态环境的思想根源之一。[①]

6.非生态隐喻对生态系统的隐性破坏

在西方多种语言文化中,"自然是母亲"这类隐喻较为常见。母亲对子女的爱是无私的,子女可以向母亲随意索取,这一隐喻充分暴露了人类的自私,体现了人类时自然资源有限性的普遍忽视,在一定程度上造成了资源枯竭类生态危机。

以上列举的语言中的非生态表达,都会导致自然生态系统种种不和谐

---

① 黄国文,赵蕊华.生态话语分析的缘起、目标、原则与方法[J].现代外语,2017
(5):1-11.

现象的蔓延。因此,目前的语言与生态相关研究主要通过不同语篇的批评话语分析,剖析语言系统中的非生态因素对生态危机的消极影响,明确语言对生态产生影响的作用机制,为构建绿色语法和生态话语奠定理论基础,最终达到变革语言使用、促进生态有益性行为的目的,实现人与自然和谐共生。

第四章

语言生态危机及其审视

第一节　语言生态的重要性

一、语言生态

生态语言学在现实生态危机的驱动下形成,以解决生态问题为导向,体现人们对全球性生态危机的思考。

语言生态是生态系统的重要组成部分。生态语言学研究者相继在生态系统观基础上提出了"语言世界系统"(language world system)的概念,指出语言、语言使用以及与之相互依存和作用的环境构成了语言的生态系统;语言生态即指影响语言生存和发展的各种内部和外部环境条件及其相互作用关系。内部环境指语言本身结构要素和系统,外部环境指语言赖以生存的社会、文化、族群环境以及自然生态环境。①

生态语言学相关研究已经充分明确了语言生态与自然生态和社会生态之间的密切联系,进行语言生态研究也要从多个维度出发,重视相应的社会文化特征和族群特征,关注这些维护语言生态平衡的重要条件。

二、语言生态保护的重要性和特殊性

生态语言学研究在不同国家和地区有不同的研究侧重点与路向,需要针对其特定的社会文化与语言生态现实展开本土化研究,提供符合语言文

---

① 范海军,马海布吉.生态语言学的概念系统及本土化研究方向[J].广西民族大学学报(哲学社会科学版),2018(6):100-109.

化状况、能够有效解决生态危机问题的方案。著名生态语言学家斯提布在第四届国际生态语言学大会上指出,在人类世背景下,言语行为是一个重要的生物和生态过程,该过程对维持生命的生态系统产生全球性影响。语言学与生态科学走到一起,具有使我们更好地理解语言和更好地理解生态的潜力。当前的学科任务是探究如何借助语言建设生态文明,以更好地服务当今社会。①

在我国,要保护生态平衡、构建社会主义和谐社会,就要重视生态系统各个组成部分的平衡,积极应对日益严重的语言生态危机,保护语言的多样性,维护语言生态系统的和谐状态。当前,我国要在本土语言生态研究基础上开展语言生态监测,进行语言生态保护与治理,重视语言的保护与传承。本章将关注我国语言生态现状,在此基础上提出语言治理的方案与对策。

---

① 陈旸.生态语言学研究从这里走向世界:第四届生态语言学大会综述[J].中国外语,2020(1):104-111.

第二节　国内外语言生态研究简述

一、语言多样性与生物多样性的关系研究

自 20 世纪 70 年代豪根提出"语言生态"概念后,生态语言学研究主要围绕语言与环境的关系进行。宏观研究主要关注"语言可持续性"(linguistic sustainability),以生物生态隐喻语言生态,用自然生态系统(ecosystem)隐喻语言世界系统和文化系统。隐喻范式重点关注语言生态平衡,指出不合理的语言使用会导致语言濒危甚至消亡,研究成果揭示了生物多样性与语言多样性之间的密切联系。

隐喻范式还关注区域性语言生态系统,从微观上对不同少数民族的语言濒危或幸存现象进行探索与研究,剖析深层的社会原因;同时,深入进行语言环境和语言生态系统的理论建构,证明种族人口统计、种族社会、种族文化及其他因子等都是生态语言学变量,共同构成了一种语言的"环境"。[①]

二、语言生态观研究

在持续深入的语言生态研究中,语言生态观逐渐形成。语言生态观以语言多样性和生物文化多样性的依存关系为前提,把语言及其环境视为一个开放的生态系统,强调语言多样性对人类生存与发展的必要性和重要性。

语言生态观强调语言文化的多样性是客观存在,是世界多样性的重要

---

① 何伟,高然.生态语言学研究综观[J].浙江外国语学院学报,2019(1):1-12.

特征;不同民族、国家在不同历史时期、在具备不同生物特征的地区形成了风格各异的语言和文化。相关研究已充分证明,多样性程度高的生态系统具有更高的稳定性与和谐性,因此,语言文化多样性和语言生态系统的和谐平衡是维护生物多样性的有效手段。

三、语言生态危机对自然生态的影响研究

20世纪90年代,语言生态研究得以进一步拓展,开始集中探讨语言对环境的影响。受语言相对论的影响,很多研究者认为,语言结构会影响人们的思维方式,思维方式则影响人们对世界的认知;语言使用也会影响人们对自然的态度。语言学家韩礼德也深受这一理论的影响,他从语言对环境的作用角度切入,指出语言不仅能反映世界,还能够建构世界,同时也能帮助人们认识世界;同时,人们对世界的许多不合理认知都来自语言系统(或语法)。[1] 韩礼德采用系统功能语言学和批判话语分析方法,对英语语法系统进行审视和批评,剖析了其中的诸多非生态因素,开创了非隐喻范式。

在韩礼德的倡导下,语言系统对生态系统的作用方面的研究持续推进,进一步探讨了语言资源减少对自然生态的影响,通过考察语言多样性对自然环境产生的影响,揭示了语言与自然环境的双向互动性。黄国文等认为,这种对语言系统的生态批评拓展了语言系统及各类话语对自然生态系统的影响研究。[2]

韩礼德的非隐喻范式实现了生态语言学研究的转向,引发了更多的有关语言对环境的影响研究。除隐喻范式和非隐喻范式外,还有更多研究路

[1]　Halliday M A K. New ways of meaning:The challenge to applied linguistics[J]. Journal of Applied Linguistics,1990(6):7-16.

[2]　张琳,黄国文.语言自然生态研究:源起与发展[J],外语教学,2019(1):26-31.

向对语言的外部环境进行多维解读,尝试将语言作为解决环境问题的方式,取得了一系列成果,也为我国的生态语言学研究提供了重要参考。

四、中国语言生态保护研究

近年来,我国语言生态保护研究逐渐展开,从理论研究到实践应用方面都有长足的进步。整体而言,呼吁重视濒危语言保存和保护始于少数民族语言学家,进而影响到艺术界,直到引起政府和社会关注广泛关注。其大致经历三个阶段:①启蒙和探索阶段(1992—2003),学界对语言濒危问题取得共识并逐渐为政府理解和接受,学者尝试濒危语言个案研究;②繁荣和转向阶段(2004—2014),濒危语言问题得到媒体和公众的关注,调查研究得到政府和社会的全面支持,语言资源意识兴起,实现了从理论研究到保护实践的转向;③语保工程启动(2015年至今),政府主导实施中国语言资源保护工程,重要任务为调查记录所有语言和方言的语料,建立多媒体语料库,促进语言资源的转化利用。①

在此,我们将三个阶段的具体情况加以整理。

(一)语言生态保护作为国家语言战略有序实施

目前语言危机已成为世界性课题,全世界6700种语言中的40%正处于消亡的边缘。我国疆域辽阔,语言资源极其丰富,语言生态系统的平衡更是要着重解决的问题。从这一任务的艰巨性来看,仅凭语言研究者微薄的力量难以实现全域性语言调查保护,必须依靠政府力量大规模推行并有序实施。

我国历来重视语言资源的调查与保护工作,早在20世纪50年代,就在

---

① 范俊军.中国的濒危语言保存和保护[J].暨南学报,2018(10):1-18.

全国进行过大规模的汉语方言和少数民族语言普查工作，并开展汉语规范化运动，开始推广普通话。2015年起，国家组织实施世界最大规模的"中国语言资源保护工程"，在全国各地展开全域性语言资源调查、保存、展示和开发利用等工作，目前已经完成1700多个调查点的采集，涵盖123个语种和全部汉语方言。调查发现，许多语种已经濒危或面临消亡，其中绝大多数为少数民族语言，迄今各民族语言中有68种语言的使用人口已在万人以下，有48种语言的使用人口在5000人以下。25种语言的使用人口已不足千人，如云南纳西语和仙岛语、贵州仡佬语、东北鄂伦春语等，都属于濒危语言；赫哲语、苏龙语等的使用人数甚至不足百人，时刻面临消亡；湖南土家族、四川彝族、东北满族等民族虽然人数众多，但民族语言使用少，有些语言的使用仅限于中老年，有些语言则由于人口散居导致使用衰败。因此，语言生命力的脆弱也是需要特别重视的方面。

尽管语言的产生、发展与消亡是自然规律，但这些原本承载丰富文化的语言随着社会的发展陆续消亡，无疑会大大影响自然生态的多样性，如果不采取有效的保护措施，这一趋势将不可逆转。在此形势下，我国政府成为语言保护和抢救的主导，实施的"中国语言资源保护工程"使一大批濒危汉语方言和少数民族语言得到学者和社会的关注，进而得到科学系统的调查研究。这些都有利于维护语言生态平衡，对我国的生态治理意义重大。

（二）相关会议组织发展迅速、成果显著

语言濒危现象是全球经济一体化和现代科技迅猛发展的结果。我国许多少数民族语言在经济社会发展浪潮下正在走向濒危，语言生态危机日趋严重，已经受到学界广泛关注，逐渐吸引了不少高校和组织参与到相关问题的研究中来。

2000年10月，由中国民族语言学会和《民族语文》杂志社联合举办的首次濒危语言问题研讨会在中国社会科学院举行。研讨会对我国濒危语言的

调查及濒危语言的历史与现状等问题展开了讨论,正式开启了中国语言方言保护工作。

2005 年,首届濒危语言国际学术研讨会在广西举行,会议以"营造和谐的语言社会"为目标,重点探讨如何保存濒危语言资料,延缓其衰亡等紧迫问题。本次研讨会较上次规模和影响更大,尤其对我国已经濒危或接近濒危的少数民族语言的抢救与保护工作起到明显的推动作用。

2015 年启动的"中国语言资源保护工程"表明了我国政府对语言生态保护的重视和进行语言生态治理的决心,也引起国际学界及社会的广泛关注。2018 年 9 月,由中国政府和联合国教科文组织联合发起的"首届世界语言资源保护大会"在湖南长沙举办。大会以"语言多样性对于构建人类命运共同体的作用:语言资源保护、应用和推广"为主题,倡导"保护语言多样性"。会议通过的成果性文件《保护和促进世界语言多样性岳麓宣言》,集中了我国多年来在语言资源保护方面的经验、模式和方法路径。比如,在濒危语言保护方面的世界语言地图、语言博物馆等,是十分宝贵的实践经验总结,可以为世界各国的语言保护提供参考。我国语言资源保护工程中获取的宝贵语言资源和数据、调查中积累的科学方法和经验,也为制定相应国际标准提供了可靠参考。"首届世界语言资源保护大会"为全球共建和谐美好的语言生态、构建人类命运共同体发挥了积极的推进作用,也进一步带动了国内生态语言学研究。

(三)在普查基础上积极推进语言资源保护与应用

在我国社会主义生态文明建设中,加快构建社会生态文明体系是重要任务。从语言生态角度而言,要实现这一目标,就要加强各种语言与方言文化的保护与传承。2017 年 1 月,国家出台相关文件《关于实施中华优秀传统文化传承发展工程的意见》,明确提出"保护传承方言文化"的号召,方言文化保护与传承已成为国家高度重视、大众普遍关注的热点问题。同时,伴随着语言保护工程的推进,各地也在积极建设语言资料库,在普遍调查的基础上实现资源利用最大化,对语保工作中获取的宝贵资源进行有效保存和新技术手段的改造应用,全力推动语言文化的保护与传承。例如,浙江省已形成《浙江方言资源典藏》(第1辑,16本)、《中国语言文化典藏》(4本)、《中国濒危语言志·江山廿八都话》等语言保护工程重要成果,建成"浙江乡音"平台,在建浙江方言数据库等。学者曹志耘认为,如何在现有基础上深入地、可持续地推进浙江方言文化调查研究、保存保护等工作,特别是如何赶在传统方言文化大面积消亡之前有效地、实质性地推动和促进浙江方言文化的保护传承,是值得认真思考和面对的问题。① 这也是全国各地今后很长一段时期面临的重要任务。

国家规划、政府主导和会议组织等有力推动了我国语言生态调查与研究。目前,语言生态研究者针对民族地区语言生态现状的田野调查和基础研究也正在进行。如前文介绍的相关研究成果所示,少数民族杂居区、偏远地区等少数民族语言生态脆弱,语言使用人数少,使用场合压缩,代际传承断裂,作为弱势语言,其语言功能将严重减弱,必须对这些濒危语言进行科学评估,以制定有效的、针对性强的生态治理方案。相关研究也可以为社会、家庭、学校等的联动提供科学对策,以有效维护语言生态系统平衡与稳定。

---

① 曹志耘.论浙江方言文化的保护传承[J].浙江社会科学,2021(2):118-124.

第三节　我国面临的语言生态困境

人类作为自然生态系统的重要成员,拥有源自自然生态多样性的丰富多彩的社会文化;同时,人类社会的发展进程又在不断对自然生态产生重要影响。人类及人类社会文化与生态系统的密切联系值得关注。语言生态多样性和自然生态多样性紧密相关,生态语言学相关研究已对此予以充分验证:地球生物多样性程度高的地区,同时也是语言密集、族群文化丰富的区域,不同的语言态度、语言使用也在影响着人们对自然的态度与相应行为。因此,语言生态平衡是人类生存与发展的必要条件,也是我国社会主义生态文明建设的关键一环,必须予以充分重视。

一、我国语言生态现状

我国少数民族众多,现存 130 多种语言,不同语言之下还有多种方言、次方言、土语等,语言资源相当丰富,方言种类之多也堪称世界之最。语言文化的多样性体现了自然生态多样性,这一点在我国生态现实中表现得十分明显,西南部偏远地区也正是少数民族多样分布、民族语言较多的地区。但是,近年来随着社会经济的迅速发展和全球一体化进程的加速,生态问题层出不穷,生态危机日益严重,语言生态也在多元文化和价值观冲击下遭到破坏,语言生态不平衡现象严重,引发对语言危机的关注和对语言多样性的思考。学者范俊军指出,语言生态的不平衡主要体现在语种的灭绝与濒危、双语区语言的单极化、局部地区语言(方言)岛的同化与消亡、弱势语言结构整合力的衰变、母语权受到抑制等方面,语言生态形势已经十分严峻。①

(一)语言濒危造成文化消失

如前所述,语言生态平衡是生态平衡的重要一环。我国少数民族语言众多,但语言资源的丰富性与濒危性并存。正如曹志耘教授所说:"丰富性是指语言种类繁多,方言复杂悬殊,文化底蕴丰厚";"濒危性是指我国少数民族语言和汉语方言正以前所未有的速度发生变化,许多语言和方言趋于濒危或面临消亡"。②

20世纪80年代起,全球范围内的语言濒危、语言消亡现象受到各国语言学家、人类学家的高度重视。1993年11月,联合国教科文组织巴黎会议将保护濒危语言作为一项紧迫任务,号召全世界关注这一异常突出的生态问题。

在我国生态文明建设进程中,政府高度重视语言文字工作,主导实施了濒危语言的抢救与保护。2015年起,我国启动"中国语言资源保护工程",迄今已经对全国范围内1700多个少数民族居住点的语言资料进行采集,涉及123个语种,对其语言使用现状进行了深入调查。

语言是文化的载体,若语言消亡,文化也无从传承,文化多样性更无从体现,这势必会对自然生态产生消极影响,形成恶性循环。这是非常严峻的生态问题,必须受到应有的重视并及时采取有效措施加以干预。

(二)语言变异和方言生存空间萎缩

语言是文化的载体,语言的变化与变异都体现了社会现象的改变,是自然生态和社会生态变化的明显标记。地域方言作为方言的地域变体,是内

---

① 范俊军.我国语言生态危机的若干问题[J].兰州大学学报(社会科学版),2005(6):42-47.

② 曹志耘.中国语言资源保护工程的定位、目标与任务[J].语言文字应用,2015(4):10-17.

部自足的语言系统,是当地民众日常交际的语言工具,体现了一定地域的
"全民性";同时,方言作为地域文化的结晶,也蕴含着丰富的文化内涵和信
息,自古就有滋养和传播地域文化的作用,是文化多样性的体现,应该重视
其保护与传承。

当今社会,经济快速发展,人口流动频繁,语言随之产生了一系列变化
乃至变异。同时,由于国家法定通用语普通话的进一步普及,我国语言生态
及特定地域的汉语方言生态都呈现出一定的失衡状态。主要表现为:①方
言原本的使用空间受到普通话挤压而萎缩,使用频率下降,成为相对弱势的
语言;②方言的区别特征弱化、社会功能减弱,原本担负的地域性交际功能、
情感功能和文化传承功能等有所减退;③方言活力不足,代际传承困难,年
轻一代中能讲地道方言的人越来越少,方言传承的家庭环节逐渐缺失;④方
言失衡造成相应方言文化的传承困境,不少地方的方言土语逐步边缘化甚
至濒临消亡,离开家乡的人对方言及与其紧密关联的地域文化的情感态度
也变得淡漠,使方言失衡的情况进一步恶化。

二、语言生态的失衡与平衡

自然生态和人文生态的破坏引发人们对语言生态的关注。事实证明,
自然生态的多样性促成人类种群以及社会文化的多样性。语言是文化的载
体,在人类文明传承方面具有重要作用。当前,人们对生物多样性予以充分
重视,但大多数人仍没有意识到语言多样性与生物多样性的关系,对于每天使
用的语言的社会功能认知不够充分,对其中蕴含的非生态因素早已习焉不察,
对语言生态失衡、语言濒危甚至语言灭绝等现象都没有予以应有的关注。

(一)语言系统自身具备平衡功能

语言系统自身具有可调节性。从语言进化与发展的历史来看,语言的
灭绝或消亡是自然发生的现象,同时也会出现语言的孳生和分化。也就是

说,语言系统自身具备内部平衡功能。

同一种语言内部也具备平衡功能。方言与共同语作为同一语言系统的组成部分,自身有其独特的社会功能,因此各有分工,都有其存在的合理性,通常情况下都能够保持相对平衡的状态。这就是"方言生态"(dialect ecology),指一种语言内部的个体语(idiolect)和共同语(communal language)之间既排斥竞争又合作共赢的关系。① 因此,同一语言系统中的各种语言在健康和谐的生态环境中共同发展,就是语言生态平衡的理想状态。语言的丰富性和多样性是衡量人文生态环境的重要指标。

(二)社会外部因素会对语言系统带来较大冲击,造成语言系统失衡

语言系统的发展变化同时受到内外部因素的影响,而与自然生态相对平稳地按照自身规律运转不同,语言生态受外部社会因素影响非常明显。

在工业化与城镇化发展迅速、社会产生巨大变革的时代,语言系统受到全球一体化及信息网络、大众传媒多种外部因素的冲击,无法适应外界巨变,自身调节能力就会相对弱化。

人口迁移、语言政策改变等因素也影响了语言生态平衡,造成语言或方言之间的激烈竞争。此外,因政治、经济、文化等方面的优势,一些语言或方言有可能发展为区域通用语,其仅仅服务于特定区域的社会功能减退,从而又区分出强势语言与弱势语言。

科学技术的发展对语言生态平衡的影响也很明显。网络信息技术使强势语言不断扩张,在这种形势下,弱势语言的使用空间被极大压缩,其功能也不断萎缩,从而造成原来缓慢变化的语言在短时间内迅速变异,以至于加速消亡。

---

① 石琳.语言生态视域下的方言文化保护与传承[J].中华文化论坛,2017(9):140-145.

因此,在社会经济快速发展的今天,我们不能忽视或隐或显的语言生态危机。

三、语言生态困境亟待破解

目前,世界人民共同面临生态危机的严峻挑战,应该共同致力于全球生态治理。治理与保护的前提是培养人们的生态素养,增强生态意识,正确认识人与自然的关系。人类主体性和特殊性的体现应该是强化生态责任感,主动地、有意识地实施生态言行。抛开其他技术性手段,从语言学角度来说,应该重点关注语言与生态之间的互动关系,认识到语言生态平衡是自然生态平衡的重要组成,语言多样性和文化多样性在确保生态多样性方面作用巨大。

对于目前全球共同的语言生态危机而言,当务之急是抢救濒危语言,对其尽快进行记录和保存。要从语言生态的保护与改善整体着眼,积极开展语言生态调查与评估,为政府制定相应地区的语言保护政策提供科学依据;建立语言资源库,将濒危语言视为资源,开发语言资源的政治价值、文化价值、生态价值、经济价值和教育价值等,实现语言资源的活化与引用;与经济社会发展相结合,把语言资源转化成语言资本,为经济的绿色可持续发展助力。此外,还要加强民族语言的母语教育,提高各族人民的语言能力,使语言能力转化为人力资本,创造更大的价值。只有这样全方位推进,才有可能维护语言生态平衡,促进语言的健康和谐发展。

第四节　地域方言使用现状

近年来,随着社会经济的快速发展和普通话的普及,方言使用空间逐渐被压缩,方言衰微甚至消亡现象引起广泛关注。从生态语言学角度来说,方言衰微是语言自然生态研究的重要方向,应该将其置于语言的生态环境中加以考察,从内部环境和外部环境方面综合分析衰弱现状及原因。

一、方言生态与方言保护

(一)语言内部环境的平衡与失衡

方言与共同语的关系是否和谐,是语言系统内部平衡的关键,也是语言生态状况的重要影响因素。著名社会语言学家戴维·克里斯特尔(David Crystal)认为,语言的保持、转变、消亡都跟语言接触有关,都受强势语言的影响。[①]

根据《中国语言生活状况报告(2020)》(绿皮书),截至 2020 年底,我国普通话普及率达到 80.6%,语言生态环境正由"单言单语社会"向"双言双语(多语)社会"过渡。"双言"是我国汉语系统的内部特征,指人们会同时使用普通话和方言,在系统内部,普通话和方言各有自己的使用领域,保持相对平衡的状态。在我国,方言生态失衡是目前较突出的语言生态问题,方言使用出现衰微现象。尤其是在普通话高度普及的今天,相较于普通话作为法

---

① 戴维·克里斯特尔.剑桥英语百科全书[M].方晶,译.北京:中国社会科学出版社,1995:558.

定的国家通用语的强势地位,方言使用频率、范围等都在大大压缩,语言生活的和谐与平衡在一定程度上被打破,方言在与普通话的共存关系中处于弱势,方言发展式微、生存空间萎缩等情况大量存在。

联合国教科文组织相关文件区分了方言使用域的 6 种情况:①通用,该方言用于所有领域、所有功能;②多语交替,多数社会域、大多数功能使用两种或多种语言或方言;③正在收缩的语域,该方言用于家庭和诸多功能,但强势语言已开始渗入家庭;④有限的语域,方言使用的社会域有限或功能有限;⑤非常有限的语域,该方言只用于非常有限的语域,功能甚少;⑥灭绝,该方言不用于任何领域,无任何功能。其中属于第一种情况的方言稳定性最强,属于第二种至第五种情况的方言分别有着不同程度的濒危性。[①] 各地语言保护工程的调查结果显示,目前不少汉语方言的使用空间在逐渐缩小,普通话和方言的关系失衡已经成为较严重的语言生态问题,亟须从根本上加以重视,并对各方言现状进行调查,以便科学地制定规划并采取相应的保护措施。

(二)社会、文化、族群等语言外部环境的影响

从生态视角来看,语言系统自身具有调节功能,通常能够保持较理想的平衡状态。但随着社会经济的迅速发展,语言的发展、消亡都受其所处的社会、文化、经济等环境及使用人群的极大影响,任何一个方面的变化都会给语言使用带来严重冲击,而语言系统自身的调节、平衡与消化功能有限,无法跟上外部环境的剧烈变化,就必然会产生系统失衡现象,从而导致语言生态问题。方言作为一种地域特征明显的语言,这种情况表现得尤为突出。

比如,新型城镇化给语言生态带来新的挑战。近年来,随着我国经济迅

---

① 薛亚丽.南通方言的语言生态调查[J].西安文理学院学报(社会科学版),2012(6):73-76.

速发展和城镇化进程的推进,人口流动加快,经济发达地区语言生活复杂,语言生态同时受到多种因素和多元文化的冲击,语言变化与变异现象明显,部分方言的生存空间被进一步挤压,地域性方言功能日趋弱化。当前,政府高度重视生态文明建设,强调新型城镇化规划中不应以不牺牲生态和环境为代价,这与语言生态学中保护语言环境的目标相契合。不少学者在我国新型城镇化建设背景下进行语言生态的探索,将城乡语言生态进行比较,将经济发达地区与不发达地区的语言生态进行比较,探究经济社会发展对语言使用的影响并积极寻求解决对策,使语言生态研究在切实解决语言生态问题、推动城市生态文明建设方面发挥了重要作用。

(三)方言保护与传承的紧迫性

弱势方言保护是当前解决语言生态问题的重要一环。方言是地域文化的载体,同地方的历史、文化、民俗、民间文学等紧密相关,互相印证,又是特定区域人民的情感纽带,承载着鲜明的地方文化特色。方言使用与每个人息息相关,只有做好最基础的方言保护工作,才能有效维护语言生态系统平衡。要在语言调查的基础上综合分析,提供有针对性、符合地域历史文化特征与自然生态特征的对策,加强方言传承与保护,以维护方言的存续、生态系统的平衡。方言和普通话的和谐共存是语言生态平衡中非常重要的方面,要充分认识普通话和方言各自的分工与社会功能,处理好推广普通话与保护方言之间的关系,确保两者各有所长、各司其职,在科学使用中提升语言的活力、维护方言和方言文化的多样性,维护国家语言生活的和谐。

二、浙江省语言生态现状与问题

语言保护工程调查显示,我国各地的汉语方言都正在发生惊人的变化,许多方言已处于濒危状态,这种生态形势在浙江省同样紧迫。

　　浙江省重要方言为吴语,还有徽语、闽语、赣语等汉语方言。此外,在浙西南山区,还有客家话、畲话、九姓渔民船上话等少量方言岛。值得注意的是,浙江部分地区地理地貌较为特殊,尤其是西南部山区较多,方言之间差异悬殊,历来是方言研究的重点对象;各方言蕴含着丰富的地域文化,是区域人民的精神寄托和情感纽带,保护和传承这些宝贵财富显得更为重要。

　　浙江省方言的外部环境更为复杂。浙江作为经济文化强省和共同富裕示范区,经济发展相对迅速,各地人口流动快,所受外部冲击更为剧烈,方言走向衰微的速度也相对更快。比如,在全省各地快速的城镇化进程中,大量外来务工人员的涌入对各地语言使用产生冲击;同时,很多青少年离开农村前往城镇读书,一定程度上使方言阵地流失;加之互联网时代多元文化的冲击,语言生态的外部环境不断发生改变,导致许多原本地位较为稳固的方言失去阵地,逐渐走向消亡,像浙西南山区零星分布的方言岛,已经在普通话普及的背景下和当地强势方言的包围之下处于濒危境地。

　　方言使用受社会、经济、文化等外部因素影响较大。当前浙江省语言生态保护工作的重中之重是进行方言生态调查,考察城镇化进程较快、外来人口多的地区,以分析外部因素对方言富有活力地区的语言生态的影响;采用问卷调查、实地观察与随机访谈等多种方式,对当地居民及外来人口的语言使用、语言能力和语言态度等进行分析,了解语言变化情况和方言使用现状,以制定有效措施,促进浙江方言文化的保护与传承。在这些指导原则下,我们对杭州、嘉兴、温州等省内经济较发达地区进行了语言生态调查,结果体现为以下几个方面。

(一)语言使用方面

　　地域方言是在特定地理环境和人文历史环境中形成的,有其独特的社会功能,而普通话作为汉民族共同语,是国家法定通用语,也是我国各民族人民共同使用的重要交际工具,二者分别具有不可替代的重要功能。总的来说,浙江省各地民众同时使用方言与普通话两种语码,且二者在不同场合分工明确、各司其职,与《中国语言生活状况报告(2020)》(绿皮书)中描述的我国语言生活正在由"单语单言"向"双言双语"过渡的整体情况较为一致,同时又体现出浙江省外向型经济影响下的语言生活特征。

1.普通话、方言等多元语码并存

在语言外部环境中,经济的快速发展、城镇化进程加速、外来人口飞速增长、多元文化和价值观共存以及开放性工作等,都会使普通话的使用频率增加,给语言生活带来一定冲击。浙江作为我国中东部最具代表性的经济发达省份之一,普通话普及水平已经远远超过全国80%的平均水平。随着社会经济的高速发展,作为外贸企业和高新技术产业集聚地的浙江,开放性工作大量增加,吸引了来自全国各地的务工人员和优秀人才,跨地区的人口流动日益频繁。这都大大增加了普通话的使用频率和领域,浙江本地方言使用空间因此被大大挤压。

此外,因外来人口大量增加,在浙江省各地除普通话和本地方言使用外,还常出现全国各地的方言语音。这种情况在城镇化程度较高、流动人口多的杭嘉湖地区尤为明显。以嘉兴的县级市海宁为例,因其毗邻杭州、紧邻上海,经济发展态势较好,截至2020年,海宁城镇化率为65%,大大超过全国平均水平;常住人口呈现增长态势,总量已达88万人,总量和增量均为嘉兴第一。外地人口不断增加使海宁语言环境发生了变化:城镇化建设之前,居民生活环境相对封闭,语言生活相对单纯,居民日常以讲海宁话为主;城镇化建设之后,外来人口大量涌入、流动频繁,公开场合使用普通话变得普遍,海宁当地方言的使用频率下降,由主要地位降为次要地位,生存空间也越来越小,成为相对弱势方言,部分场合外来人员使用家乡方言的情况也较为多见,形成多元语码共存的状态。这种方言失衡的语言生态情况在浙江省温州、宁波等经济活跃区域同样存在。

2.普通话与方言分工明确

语言政策研究领域的著名学者博纳德·斯波斯基(Bernard Spolsky)指出,城市化过程对语言使用和语言维持的影响非常大。[①] 调查显示,吴语区20岁以下能熟练使用方言的人所占比例为全国最低,比如杭州为9.2%,温州为7.3%,外贸企业集中的宁波仅为4.6%。这充分表明,我国的城镇化进程中,外来人口越多、人口流动越大的区域,方言使用越少。开放性程度高的工作使来自不同地区的人得以集聚,交流时只有使用通用语才能减少语言沟通障碍,因此,在公共场合或正式场合,越来越多的人倾向于使用普通话。语言态度同时影响到语言使用,普通话的社会地位更高——能讲一口标准流利的普通话是受过良好教育、拥有良好形象的标签,人们使用普通话的态度更为积极,这也必然导致方言使用机会日渐减少。

同时,城市规模的扩大、城市人口结构的改变等因素,都直接影响城市区域内的语言生态。根据调查,入选"全国新型城镇化质量百强区"的杭州市富阳区,2020年城镇化率已经高达75%,常住人口超过百万人,人们在公开场合的主要交流语言已经从方言转为普通话。

但普通话与方言的分工仍然十分明确。在非正式场合或私人场合(如家庭中),人们仍倾向于使用方言进行情感交流,方言在日常生活中使用频率仍然较高。比如对海宁的调查显示,79.17%的人在家中使用方言,9.72%的人在任何场合都使用方言,充分显示了方言仍具有强大的情感纽带功能。从中也可以看到,人们从小在家庭中习得方言、使用方言,进入学校后才开始正式学习普通话,对普通话与方言的使用场合与分工历来有鲜明的感性认识,能够自由区分、灵活使用,普通话和方言得以各司其职,形成典型的"双言"现象。

---

① 博纳德·斯波斯基.语言政策中的人口因素[J].张治国,译.语言战略研究,2019(6):12-18.

3.年轻人方言使用频率低,对方言情感疏离

对不同年龄段方言使用的调查显示,目前的中老年人仍多倾向于使用方言。调查中,海宁 40 岁以上的本地居民在日常生活中以讲方言为主,方言主要用于家庭中长辈、亲属之间的交流以及居住社区中邻里间的沟通,而 20 岁以下的年轻人更多使用普通话。小学生中能完全使用方言交流的人数只占总人数的 14.56%,其中几乎听不懂方言的学生占了 31.07%,表示听得懂但不会说的占了 27.18%。这与刘慧《粤东地区语言使用情况调查分析》[①]一文中的数据基本一致。整体而言,青少年群体对方言情感疏离,方言使用能力较低。

4.方言代际传承前景堪忧

普通话普及率会随着社会经济一体化的加快进一步提高,在不久的将来,如果方言得不到有效保护,随着现在仍以方言交流为主的老人逐渐逝去,方言会丧失更多的使用空间。家庭原本是方言传承的主要阵地,而目前大多数城镇家庭中,父母要给孩子创造良好的普通话环境,原来就使用方言和普通话双语码的中年人会倾向于使用普通话跟年轻一辈交流,久而久之,青少年会因为缺少语言学习的环境而自然放弃使用方言,原来家庭中的双语环境会走向瓦解。持续发展下去,承载着丰富地域文化的方言极有可能失去宝贵的传承阵地,方言失衡状况会进一步加剧。

总的来看,语言使用方面,目前浙江省的语言生活中仍是普通话与方言"双言"并存,两者各有分工,但方言原有的使用空间正在被逐渐压缩。语言越使用才越有活力,根据语言生态现状和语言变化变异的规律,如果方言失衡现象不能引起全社会广泛关注、不能得到有效干预,方言最终会失去生存

---

① 刘慧.粤东地区语言使用情况调查分析[J].语言文字应用,2020(3):107-120.

空间,地域文化的传承也会受到严重威胁,语言文化的多样性将无法维系,生态危机会进一步加剧。

因此,曹志耘指出,就浙江省目前语言生态现状而言,要做到保护方言与推广普通话并行不悖,以"多语分用"消除"语言紧张"局面。① 即区分不同的使用场合,让方言与普通话各司其职,让不同语言发挥不同的社会功能,以此保障语言生活的和谐;同时,发动全社会力量保护方言及方言文化,以多种形式实现方言的活态传承。

(二)语言能力方面

语言能力是掌握语言知识而产生的听说读写译的能力,也是抽象思维能力和灵活发音能力的结合。当今社会,语言能力日益受到重视,就个人而言,良好的语言能力是人力资本的重要组成,能创造相应的经济价值;就国家而言,语言能力已经成为国家实力的重要标志之一,其重要性不容忽视。

1.普通话能力与社会外部因素有明显对应关系

调查发现,居民的普通话能力受到经济发展、城镇化水平、流动人口等外部因素的影响。普通话作为民族共同语,在新农村建设、绿色经济发展、旅游业发展以及新城镇化规划中发挥着重要作用。比如杭州、宁波等地区,人均 GDP 与流动人口在浙江省内处于前列,常住人口城镇化水平高,普通话能力相对较强,80％以上的城镇居民能够流利使用普通话。

就地域而言,城乡居民普通话水平有差异。不同地区受地理位置和周围城市经济的影响,其居民普通话能力往往呈现区域性特征:在浙江,与大中型城市(比如杭州)接壤的地区,普通话使用受经济发展影响更为普

---

① 曹志耘.论浙江方言文化的保护传承[J].浙江社会科学,2020(2):118-124.

遍，居民普通话标准程度较高；相较而言，地理位置较为偏远的地区，其居民普通话能力较低，方言使用频繁、广泛，当地方言的强势地位仍较为稳固。

2. 方言使用能力呈现年龄差异和受教育程度差异

就个体而言，普通话能力与年龄、受教育程度紧密关联。以浙江省为例，调查发现，浙江方言众多、差异悬殊，不同地区的民众使用方言交流相对困难。而温州等地较早推广普通话，也是普通话普及率较高的典型地区，其青少年的普通话能力普遍较高。同时，因为普通话具有较高的社会地位和社会影响力，讲好普通话不仅能够提高沟通效率，也更能彰显个人的优良素质，这进一步激发了年轻人对普通话能力的自主强化。

普通话使用频率增加、使用能力日益提升，则方言使用必然受到影响。整体而言，浙江省内民众仍具备一定的方言能力，但年龄与受教育程度不同的个体的语言能力差异较大。祖辈或长者因个人普通话水平不高，仍为方言的积极使用者；中年人工作中多使用通用语，在私人场合倾向于使用方言，正在成为"双言"者；而年轻一代普通话能力普遍较强，相比之下能讲地道方言的越来越少，方言能力正在逐步减退。方言能力随着年龄层的降低而逐渐下降。

方言的使用和传承面临着十分严峻的现实。比如，从海宁居民方言能力的调查结果来看，70.83％的海宁居民认为自己基本能够在家庭场合熟练使用方言，并无障碍，而 20.83％的居民认为自己更多地使用普通话、较少使用方言，讲普通话较为流利准确，而讲方言时会存在偶尔忘记发音的情况。方言流失现象集中体现在青少年群体中，多数年轻人不能熟练使用方言，或者以前会说一点，在家庭中也只是听得懂，更多的年轻人已经不会说方言。从代际比较看，青少年群体的方言使用能力明显低于中老年人群，方言代际交流困难，部分方言已经面临传承断代危机。

3.多元语码转换意识和转换能力较强

在浙江不少地方,外来务工人员较多,人们在日常交流中往往综合使用普通话、本地方言和各自方言,并且多数人能够在普通话与方言使用时灵活转换,多种语码间转换能力较强。比如,在对方使用普通话时,90%以上的人会本着合作的态度选择使用普通话完成交流;尤其是服务行业人员普遍有良好的语码转换意识,也具备较为熟练的"普通话—方言(多地方言)"的双(多)语码能力。一方面,这说明国民对普通话的掌握程度较高,共同语能力强;另一方面,这说明人们言语交际的目标明确、质量提升,更重视语言这一交际工具的重要功能。语码间自如转换有助于交际与合作的达成,能够明显提升沟通质量和效率,这种现象在浙江经济相对发达地区更为常见。

"多语多言"能力是全球化时代人类应该具备的重要能力。要提升国家语言能力,就要积极进行"多语多言"的教育实践。因而,在方言和普通话关系上应形成符合语言生态现实与理论的科学认知,二者应和谐共存、相互促进,推广普通话不是要替换各地方言或民族语言,而是主张在习得方言的同时学习普通话,在学习母语方言的基础上掌握另一种更通用的交际工具,为有效提升个人能力、实现个人价值打好基础。

(三)语言态度方面

语言态度是语言使用者基于感性或理性的立场,对某种语言的听感、功能、社会地位等做出的价值评价和行为倾向。它指人们如何看待和使用语言,包括对语言的地位、功能以及发展前途等方面的看法,是社会心理的反映。思想意识影响语言行为,语言态度对语言认同和语言使用具有决定性作用。调查中发现,浙江省居民的语言态度有如下特征。

1.对普通话与方言关系有积极认知

在生态危机频发、语言生态问题日益突出的今天,人们对语言濒危和方言保护的关注度逐渐提升,在推广普通话与保护方言的关系方面形成较科学的认知,今后能够熟练使用普通话的单语码者会持续增多,双(多)语码的人也会持续增多,语言生态会走向新的平衡。在调查中,半数以上的人认为普通话的推广不会导致方言消亡,近80%的人认为方言的存在不会成为普通话推广的阻碍。这表明人们对使用和传承各自方言大多持乐观态度。

2.对普通话与方言各有客观评价

大多数人认为,普通话是我国官方认可的通用交际工具,具有毋庸置疑的重要地位;而方言是自己从小在家庭中习得的,仅在特定地域中使用,但其具有重要的情感功能,也承载了独特的地域文化,因此在地域范围内有较高的认同度。浙江作为外向型经济发达的地区,民众在公开场合使用普通话与他人交流更为方便;实际工作中,如果人们能够同时掌握普通话和方言,甚至一两门外语或方言,就拥有了多种语码的交际能力,这无疑能够大大提升个人价值,能够更好地进行交际、获得认同,对提高经济收入、实现人力资本价值最大化都有着重要作用。

3.家庭仍应作为传承保护方言的摇篮和主阵地

保护和传承方言仍需要尊重语言习得规律,从家庭做起。调查中发现,浙江人普遍重视教育,在家庭教育方面态度积极,多数家长重视通用语的学习,在语言使用态度上倾向使用普通话,即使自身方言说得很好,也仍然希望下一代可以适应时代发展讲好普通话。约26%的人同样重视方言学习,认为说好方言是本地日常生活中与人交流的必备本领,希望下一代有很强的方言文化认同感。

第五节　语言生态危机原因与对策

通过对浙江多地的语言使用现状调查,我们发现,目前存在的语言生态危机可以从社会层面与个人层面加以考察。

一、语言生态失衡的主要原因

(一)社会原因:外部环境剧烈变化影响语言生态

1.人口流动加剧带来语码多元化

浙江作为经济发达地区,城镇化水平远超全国均值,大量外来人员涌入使语言接触日益频繁,各地方言不断碰撞融合,语言使用也随之发生显著变化,导致原来相对平衡的语言格局和生态发生改变,语码使用趋于多元化。多种语码中,普通话成为使用最频繁的公共语言工具,在交流沟通、推动经济社会发展方面都发挥着不可替代的重要作用。但地域方言使用空间因此受到压缩,同时又受到外来人员各自方言的一定干扰,使得方言生态失衡现象频发。在方言与普通话的共存关系中,方言逐渐处于弱势地位,一些方言土语逐渐边缘化,甚至面临消亡。

2.方言的区别性特征因普通话冲击而削弱

语言生态理论显示,普通话因其竞争中的优势地位,在使用中会对方言形成渗透,掌握这两种语码的人往往会在使用方言时掺杂普通话词汇或发音,方言在语音、词汇、语法等方面的突出特征逐步弱化。年轻一代即使会说方言,也说得并不地道,会说老派方言的人越来越少。这也是在实施中国语言资源保护工程的过程中寻找方言发音人时遇到的突出问题,从侧面表明方言的弱化现象已较为普遍,亟须加大保护力度。

(二)个人原因:语言主体的语言价值观和生态意识影响语言生态

1.语言价值观的变化带来语言能力的改变

从目前情况来看,大规模的人口流入主要出现于经济发达或文化繁荣地区,相当一部分外来人口在长期的外地生活中,由于绝大部分时间只能说普通话,个人母语方言的使用频率下降,实用功能减退,方言原有的情感功能和文化功能鲜有机会发挥,从而连带他们对家乡的归属感和语言认同感都大大降低,对母语方言的重视程度也越来越低。尤其是年轻一代,对本地方言的态度普遍较为疏离,对地域文化的了解和认同情况也越来越差,方言作为情感纽带的作用由此被大大削弱。

社会语言学理论指出,语言态度即语言价值观,是指使用者对语言本身所持的优劣、好坏的判断。就个体而言,性别、年龄、受教育程度、语言素养、文化背景、社会群体等都影响语言使用者的语言态度,而语言态度又会在很大程度上影响语言选择。追慕心理和向上动机会促使语言使用者在情感上趋近共同语,而与方言形成情感疏离。[①] 在价值认知上,人们在公开或正式场合多使用共同语普通话,而在私人场合多使用方言,交谈内容也多为日常琐碎的事务,久而久之,人们就会自然形成方言无足轻重、难登大雅之堂的认知。同时,从听感、地位、发展趋势等方面综合评价,普通话好听实用,是社会通用语,代表着有知识、有素养。在社会生活中,良好的语言能力作为人力资本的重要组成部分,能够创造可观的经济价值,这必

---

① 石琳.语言生态视域下的方言文化保护与传承[J].中华文化论坛,2017(9):140-145.

然会引起人们对语言能力尤其是普通话的重视,与之相伴的则是对方言的漠视。

2.生态意识的缺失造成语言随意使用

当今世界的生态问题,根源之一是人类生态意识的缺失,语言生态方面的问题亦是如此。在我国"双言"的语言生活中,尽管人们可能已经意识到方言使用空间压缩、语言生态遭到破坏等现象,却没有产生主动保护方言、维护语言生态平衡的想法,更无法提出方言失衡的具体对策,不能有意识地实施语言生态保护措施。生态语言学研究表明,日常语言生活中还有更多的语言生态失衡现象是人们习焉不察的。比如韩礼德指出的"增长主义""人类中心主义"等思想倾向在语言中的反映,持续对生态环境和语言使用产生负面影响。

因此,引导人们关注语言中的非生态因素、加强语言生态知识的宣传是维护语言生活和谐的重要手段,全力提升民众的生态意识和生态素养仍旧是我国生态文明建设的重要任务。

二、构建和谐语言生态的原则与对策

(一)构建和谐语言生态的原则

1.重视语言资源价值

语言系统是自然生态系统的重要组成部分,既要在生态保护中重视语言系统与生态系统的密切联系,又要充分重视语言作为资源的多重价值。语言资源同自然界中诸多资源一样具有不可再生性,一旦消亡则永远难以恢复,需要关注、保育和保护;同时,语言资源的价值体现在利用之中,使用越多越能体现其政治、经济、社会、文化、生态、教育等方面的多元价值。因此,在我国的语言生态保护中,将语言能力看作人力资本的重要组成部分、将濒危语言视为宝贵的资源,比将其看作文化遗产更能引发民众的重视,更有助于维护语言生态和谐。

2.“点面结合”推进保护

针对我国语言生态现状,“面”即在全社会进行语言调查与评估,在此基础上做好语言规划与语言教育;“点”指加强各个语言生态问题集中点的保护措施,在少数民族居住区做好濒危语言的保护工作,有效维护弱势族群的正当合法权益,集中政府和民间力量确保其自然环境与社会结构的完整性,与此同时,在弱势方言区集中做好方言及方言文化的保护与传承工作,引导人们处理好推广普通话与讲好方言的关系,达到维护区域性语言生态平衡的目标。

(二)构建和谐语言生态的对策

语言生态建设的目标是构建和谐语言生态。一方面,保持语言内部各要素和系统的平衡,使语言系统自身强健;另一方面,语言自身要能够适应外部社会的变迁,能够承受来自外部环境的各种冲击,使民众的语言生活健康、和谐、充满活力。构建和谐语言生态,可以从语言内部环境和外部环境两个方面入手。

1.确保语言系统自身的平衡发展

(1)正确处理强势语言与弱势语言的关系

维护强健有活力的语言系统,必须保证系统内部多种语言的和谐共存与平衡发展。我国民族地区的语言使用基本上是普通话和民族语言并存,“双语”现象较为突出,因此首先必须重视并解决由此可能出现的强势语言与弱势语言的关系问题。应该重视少数民族语言的传承和保护,立足于语言生态的保护与改善的全局,在相应地区展开全面调查,深入了解语言使用空间和语言活力、语言使用者的语言态度等基本情况,科学评估少数民族语言生态系统现状,引导人们正确认识民族语言的重要地位和语言保护的重要性,为政府制定区域性语言政策和实施语言保护工程提供科学依据。

(2)加强民族地区的母语教育

目前,我国民族地区同时使用母语和汉语普通话的"双语"现象较为典型,针对部分少数民族出现的语言濒危或语言活力下降等状况,必须防患于未然,做好少数民族语言的保护与传承工作。要在推广普通话的同时加强民族地区的母语教育,使民众从思想上重视母语的使用、提高母语使用能力,并采取相应措施实现母语的代际传承。在制定区域语言规划时,要重视语言生态对自然生态的影响,认识到独特的语言文化生态来自所依存的自然地理环境和社会环境,出台相应政策保护少数民族的自然生态和社会生态,以实现少数民族社会文化系统和语言系统的良性运转。

(3)重视汉语方言保护与传承

在各汉语方言区,要确保方言和普通话有各自的使用空间,在"双言"共存的状态下实现二者的协同并进,力求实现语言系统内部的平衡。重视方言的调查与记录,对语言保护工程和研究中取得的宝贵方言资源进行有效开发和利用,实现方言的活态传承。在发展经济的同时重视传统文化的宣传与保护,培养方言使用主体的方言情感,增强地域文化自信,充分发挥方言的社会功能,努力提升其社会地位,强化语言使用者的方言认同。

总之,针对不同地域、不同民族,要因地制宜、多措并举,实现语言系统自身的健康平衡发展,确保不同民族、地域、族群的语言有机传承与发展,在保持语言多样性的前提下维护文化多样性。

2.从社会、族群等外部因素入手维护语言生活和谐

(1)政府牵头做好语言调查、保护和规划工作

面对当前的语言生态问题,各级相关政府部门应该牵头做好语言的调

查、保护和规划工作。

调研评估、提供依据。持续推进国家层面的语言保护工程,对各地的语言生态现状进行调查和评估,对民族地区和汉语方言区的语言活力和濒危状况进行全面摸底。

科学规划、重点施策。制定地方层面的语言保护法规、政策,以《中华人民共和国国家通用语言文字法》为依据,在全面调研语言现状与传承的基础上,因地制宜进行语言的建档、整理等工作,制定区域性语言生态保护政策与措施,促进地方语言文化的保存、教育、宣传和推广,逐渐改善语言生态状况。

科学开发、合理利用。由政府牵头,充分利用语言保护工程中建立的语言资源库,建设地方性语言文化博物馆,开展语言文化宣传活动;推动语言作为重要资源与文化产业的融合,建设研发语言资源有声数据库、语音导航、语音输入、语音识别等新技术应用,进行合理的开发利用,使语言资源真正转化为语言资本,以社会效益带动语言保护;促进语言资源与地方文旅产业发展的融合,开发更多的方言文化旅游产品,使其真正成为地域文化的宣传载体,满足社会对文化旅游产品的多元需求,实现方言的活态传承。

(2)全社会营造语言生态保护的良好氛围

借助媒体、互联网平台等大众传媒进行语言生态宣传,推动语言保护与传承。借助自媒体时代网络传播的优势,充分利用社交媒体和短视频平台,紧跟社会热点和地方热点,持续宣传方言及方言文化,扩大濒危语言或方言的影响力。加强方言文化的新媒体传播,开发更多符合年轻人的认知特征、社交习惯的网络平台、App、短视频等,创新传承方式,比如方言视频、原创方言娱乐节目与音乐节目等,并根据不同受众的需求及时更新宣传题材、内容等。

发动社会力量、民间组织,扩大语言保护的影响力。充分发挥濒危语言研究组织机构的影响力,发动、吸引更多的社会力量,带动更多人参与到保护濒危语言的工作中。公众人物的自发参与、高质量电视节目的持续宣传、民间语言保护力量的推动等,都能在传承方言及方言文化方面发挥重要作用,在全社会产生示范效应。

(3)激发使用者(族群)语言保护的主体性与积极性

形成科学的语言生态认知,倡导尊重、平衡、包容的语言态度。通过生态教育,让人们充分认识到普通话和方言具备各自的社会功能,二者可以并行不悖。在推广普通话的同时要宣传保护方言,以多样化的手段增加方言在城市文化建设中的出现频率,在多种方言文创活动中传播尊重方言、保护方言、包容方言的理念。还要客观看待不同年龄段居民的语言使用状况,对只会说方言的老年人予以包容,对持他地方言的外来人员不予歧视。此外,积极维护健康的语言生态,取方言之精华、去方言之糟粕,减少侮辱性、命令式的方言词汇使用,避免因污名化造成语言伤害,提升方言使用的文明程度。

重视方言文化传承,主动改善方言使用态度。方言是语言生态系统中的关键环节,是地域文化的主要载体,是维系家庭与社会关系的情感纽带。要增强本地语言文化的认同感,重视地域文化传统与习俗的传承。要加强各类地域文化的宣传,让人们充分认识到方言在地域文化保护与传承中的重要作用,增强地域文化自信和方言传承责任感。

家庭营造良好的语言学习环境,维护良好的代际传承状态。家庭是青少年最重要的方言学习场所,家长应营造和谐开放的语言环境,重视母语方言文化的传承,接纳长辈在孩子面前说方言的情况,通过适时的方言交流与孩子建立融洽和谐的关系;同时,家长有责任引导孩子学习母语方言及其背后的文化意义,通过地域文化故事、方言趣事等激发年轻一代学习方言、传承方言文化。

学校教育强化青少年的语言学习能力。学校作为语言学习的主阵地,要在维护语言生态和谐的基础上加强母语方言教育。在课堂教育部分,编写适合不同学段的方言文化教材，开发富有地域特色的地方语言校本课程，大力推动方言文化进课堂，以地方戏剧、童谣歌谣、乡土文化、影视娱乐作品等多种形式为载体进行语言文化的表演展示和宣传教育，让方言学习成为学生喜闻乐见的形式。方言宣传与保护工作还应该走出课堂，增加体验式推广项目。加强方言教育方面的家校联动，组织亲子互动式的方言体验活动，鼓励孩子学习方言、开口说方言，使方言成为孩子与长辈交流沟通的理想桥梁。实施方言文化体验活动，联合博物馆、文化单位等，以体验家乡特色文化为室外教育内容，贯穿相应的方言知识，丰富学生的地域文化认知。

总之，要注重改善方言及方言文化的传承方式与手段，使家庭、学校、社会团体等形成联动，在潜移默化中构建和谐语言生态。

第五章

建构『和谐』生态哲学观

在第三、四章中,我们重点从思想与语言层面分析了生态危机产生的深层原因。要进行生态治理,也应该从改变落后的思想观念入手,培养人们对生态的科学认知和价值观体系。从本章开始,我们将从多个层面探索生态治理的不同路径。

生态哲学观是人们在生态实践中形成的思想认知体系,涉及个体对人与自然关系的认知以及个体所秉持的生态价值观念体系,和谐、科学的生态哲学观能够影响到主体的生态言语和行为。因此,建构科学的生态哲学观在生态保护和治理中尤为重要。本章对生态哲学观的建构原则与路径方法进行探讨,以期为培养民众生态意识、提升民众生态素养提供参考。

第一节　生态哲学观研究概况

一、什么是生态哲学观

(一)理论产生

生态哲学观(ecosophy)这一术语由深层生态哲学的倡导者阿伦·奈斯(Arran Naess)于 1973 年首次提出,意指在涉及自我与自然之间关系的情境中个体所秉持的具有价值倾向(value priority)的观念体系,涵盖一系列规则、预设、价值推崇等有关生态和谐的哲学思想。① 1989 年,奈斯进一步指出生态哲学观与生态哲学的区别,认为生态哲学是关于生态学和哲学的学科交叉地带基本问题的研究,此类研究是没有价值倾向、去情景化的理论研究,而生态哲学观是人类社会实际生态情境中真正发挥作用的观念因素。②

也就是说,生态哲学观是在生态危机驱动下,个人对生态环境考察体验后形成的系统性哲学观点,其意图、目标是生态和谐与生态系统平衡。生态哲学观在个体与自然环境的频繁接触中形成,基于个人对生态环境的观察与实践体验而建构,是个人的生态阅历与感悟、生态理想与信念等方面意识的综合,不仅体现在日常言语行为中,也会随着个人生活环境的变化及阅历的丰富而改变,能够通过外部影响与教育得以改善或重构。

---

① Naess A. The shallow and the deep, long-range ecology movement. A summary [J]. Inquiry an Interdisciplinary Journal of Philosophy,1973(1):95-100.

② Naess A. Ecology,Community,and Life style:Outline of an Ecosophy[M]. Cambridge:Cambridge University Press,1989:36.

(二)理论应用

生态哲学观提出后,往往被用作生态语言学研究中生态话语分析的指导思想,在学科研究和发展中受到广泛重视。国际生态语言学会会长斯提布指出,生态话语分析必然在某种生态哲学指导下进行,以从生态的角度对话语进行理解、揭示和评估。① 生态语言学近年来的多种研究范式都重视生态哲学观,比如认知范式以体验哲学为理论基础,以语言与生态环境的互动为前提,因而更加强调分析者的生态哲学观。

我国生态语言学研究也同样重视生态哲学观的作用。比如黄国文在国际生态语言学研究的基础上,提出适合中国语境的和谐话语分析,并主张采用多维度、多层次的分析方法,强调研究者在"和谐"生态哲学观之下考虑生态问题产生的特定社会背景、历史文化原因及解决途径,拓展"生态环境"的概念内涵,全面考察特定社会的历史文化环境和生态情境等因素,分析生态话语对环境的积极影响,使语言研究为构建和谐社会提供参考。

生态语言学普遍语言观认为,语言反映了人与生态的关系,语言也可以巩固和重构人与自然的关系,而这种反映、巩固与重构都受到思想意识中生态哲学观的支配,因而充分认识生态哲学观的积极作用,能够帮助人们认识非生态因素、实施保护自然的行为,从而构建人与自然和谐关系。正因如此,生态哲学观及其研究才越来越被重视,也为生态治理提供了又一路径参考。

---

① Stibbe A. Ecolinguistics: Language, Ecology and the Stories We Live by[M]. London: Routledge, 2015: 11.

二、生态哲学观的形成与演变

（一）生态哲学观是主动选择的结果

人类作为自然界中特殊的生态实践主体，在长期的实践活动中形成了独立自主的思想意识，他们会对遇到的各类生态问题进行主动思考，在与自然的互动中形成多种生态思想与认知。这些生态认知既包括社会公认的价值观念，也融合了个人的生态阅历与体验，最终形成以"和谐"为目标的价值观体系，这就是个体的生态哲学观。每个人都可以拥有自己的生态哲学观，这是个体主动、有意识选择的结果。生态哲学观会在实际生态情境中发挥积极作用，不仅能影响人们实施生态言行、给生态环境以直接的积极影响，还能借助国家政权的力量进入社会主流话语体系，以生态话语影响到更多人接受生态意识、形成生态哲学观，在全社会范围内实现生态话语的构建，倡导人们实施生态行为、践行绿色生态方式和生活方式。由此，对生态实践产生巨大的影响力和积极作用，最终有利于人与自然和谐关系的构建。

而且，所有参与生态的主体，都可以在有意识的生态实践中加深体验，关注现实生态问题并主动进行积极的相关思考，从而对生态和谐社会产生强烈的向往与渴望，树立生态理想与目标，并在实践层面对生态言行做出主动选择。因此，生态建设主体的生态主动选择是建构生态哲学观的关键要素，要实现人与自然的和谐目标，就要在更广阔的范围内有意识地建构生态建设群体的生态哲学观，通过引导和教育等多种手段为其提供必要条件。

（二）生态哲学观会持续演进

生态语言学家斯提布指出，生态哲学观会随着分析者接触新观点、发现新证据以及获得新体验而不断演化。① 斯提布本人的生态哲学观就是在他个人丰富的生态实践中不断演进、完善的,在与自然的实践互动中,不断形成新的生态体验与思考和更科学系统的生态认知,最终形成"生活"(living)的生态哲学观。这种生态哲学观从认识到自然资源的有限性、人类有追求美好生活的自然愿望,发展到人必须与自然和谐相处,合理利用资源,才能实现可持续发展,为子孙后代谋福祉,倡导人们必须发挥主观能动性反哺地球。生态哲学观随着斯提布个人的生态体验与研究持续深化、完善,是个体主动、有意识选择的结果,能够随其不断更新的生态实践发展演进,并能对生态现实产生巨大的积极作用。这就为生态哲学观的建构路径提供了有力的佐证。

三、生态语言学研究新的哲学化趋向

(一)生态语言学研究的哲学本质

生态语言学研究的哲学化是新的学科发展趋向。作为一门典型的超学科,生态语言学大大超越了传统研究范畴,将语言学与生态学、哲学等结合,将研究范围拓展至语言所处的环境考察语言与生态的关系。何伟认为,目前的多种研究范式都在一定的生态哲学观指导下进行,这种生态哲学观吸收并发展了维特根斯坦"语言是一种生活方式"的语言哲学观,把"生态"看作一种视角,因而是一种看待生态系统的价值观,也就是一种看待世界万物发生、发展及存亡的哲学观。② 这种观念首倡所有事物和观念都相互依存,是一种指向和谐的哲学。

---

① Stibbe A. Ecolinguistics: Language, Ecology and the Stories We Live by[M]. London: Routledge, 2015: 13-14.

② 何伟. 关于生态语言学作为一门学科的几个重要问题[J]. 中国外语, 2018(4): 1, 11-17.

(二)生态语言学哲学化研究方向

1.国际生态语言学研究

生态语言学哲学化研究的代表人物是斯提布。他曾指出,生态语言学也基于一定的价值观系统,这种价值观系统将人类纳入生态背景下,不仅考虑人类,而且考虑人与人之间、人与其他生物之间、人与环境之间的生命持续性关系。这种价值观系统就是"生态哲学观"。①

因此,在生态背景下认识客观世界的价值观系统就是生态哲学观。它是在一定的价值观系统基础上建构而成,包含对人类自身在生态系统中地位的认知,以及人与人之间、人与其他生命体和环境之间相互关系的认知,既要考虑个体生存的外部环境与社会环境,个人所经历的生态破坏或保护的行为、个体与所在群体的生态相关的合作交流等主观性因素,同时也基于对客观世界发展状态的分析,需要考虑生态环境及生态科学的客观性特征。

当前各国研究中体现有资源富饶主义(Cornucopianism)、生态女性主义(Eco-feminism)、暗山主义(Dark Mountain)、深层绿色抵制主义(Deep Green Resistance)、深层生态运动(Deep Ecology)等多种生态哲学观②,因此,生态语言学研究呈现出明显的哲学倾向,也与生态语言学交叉学科的性质及发展趋势相吻合。

2.国内生态语言学研究

我国的生态语言学研究也带有鲜明的哲学倾向。

生态哲学在我国有更为深远的历史渊源。早在先秦时期,传统文化中

---

① 何伟.生态语言学的学超科发展:阿伦·斯提布教授访谈录[J].外语研究,2018(2):22-26.

② 何伟.生态语言学的学超科发展:阿伦·斯提布教授访谈录[J].外语研究,2018(2):22-26.

的道家学说、儒家学说等都已经有了自成体系的生态哲学观,对当时以及后世人们的生态认知都产生了重要影响。

当代生态语言学者在中国传统生态哲学的影响下,进一步消化吸收西方生态语言学研究成果,又在中国特色社会主义生态文明建设中紧密结合社会现实,创新发展了中国语境下的和谐话语分析等哲学研究范式,明确了生态语言学新的哲学化研究方向,已经引起国际生态语言学界的广泛关注。

正如生态语言学家菲尔与彭兹所指出的,中国传统儒家、道家哲学思想对生态语言学有重要贡献,它们所倡导的实现人与自然之间的和谐也正是生态语言学的研究目标。菲尔与彭兹认为,哲学范式研究"不是把生态语言学看作一种科学,这种科学试图使人了解更多关于世界的信息,甚至有助于通过解决一些生态环境问题改善我们的生活,而是更多地把它视作一种哲学、一种精神状态,在这里,和谐在所有观念中是最重要的,占支配性地位"①。

由此可见,在全球性生态危机的驱动下,人们必然会对生态问题产生相应的人文思考,探究其深层次原因。随着研究的逐步深入,语言生态性的哲学思考,能够揭示生命有机体与环境之间的相互依存关系,以重建注重人与自然和谐共生关系的语言观。从理论意义上来讲,这种哲学化研究方向对于生态语言学学科理论建构与完善有重要价值;从现实层面而言,这种哲学化研究方向对于从根本上改变人们的生态认知、改善相应的生态行为,以及促进生态保护、构建和谐社会等,都有极其重要的意义。

---

① 何伟.生态语言学的学超科发展:阿伦·斯提布教授访谈录[J].外语研究,2018
(2):22-26.

四、几种有代表性的生态哲学观

（一）斯提布的"生活"生态哲学观

1.基本内涵

斯提布强调生态话语分析必须在一定的哲学观指导下进行,其在经典著作《生态语言学:语言、生态与我们信奉和践行的故事》中,借用认知语言学家莱考夫的"概念隐喻理论"和"认知框架理论"分析与阐释文本,以达到构建生态话语、促进人们保护赖以生存的生态系统的目的。

斯提布在书中提出"生活"生态哲学观,其内涵为:珍视生命(valuing living),爱惜包括人和非人的所有生物的生命;福祉(well-being),人类要活得有质量,解决生态问题的同时不能损害人的利益;现在和未来(now and the future)都要追求美好的生活,不仅要考虑当下,更要考虑子孙后代未来的幸福生活;关爱(care),对供养我们的生物心存敬意和感激,尽量减少对其他物种的影响和伤害,并"反哺"供养我们的生态系统;环境极限(environmental limits),地球的自然资源有限,人类应尽力减少自然的消耗量;社会公正(social justice),应考虑他人的幸福,重新分配地球上的各种资源;适应(resilience),人类必须寻求新的社会生活方式以适应每况愈下的环境。①

2.核心理念

"生活"生态哲学观是斯提布在个人生态经历及相应的思考研究基础上形成的系统性认知,所倡导的生态核心理念是:①生态研究及实践应符合生

---

① Stibbe A. Ecolinguistics:Language,Ecology and the Stories We Live by[M]. London:Routledge,2015:13-14.

态现实、尊重自然规律。自然资源是有限的,不能以发展经济为由肆意掠夺自然资源、破坏生态环境。②要以合理有效的生态保护方式反哺生态系统。积极寻找新的可持续的社会生活方式和合理有效的生态保护方式,这样才能解决生态问题。③维护人类的正当利益。人类作为生态治理的主体,与生态系统中其他生命体一样拥有发展繁衍的权利,有追求美好生活的权利,要生活得有质量,不能因为保护生态而否定人类的正当要求,应该正确处理人与自然界之间的关系。

斯提布对生态哲学观重要性的强调,以及他秉持的生态哲学观,都对生态语言学研究具有重要影响。"生活"生态哲学观体现了社会发展的客观现实和人类对正当权益的合理诉求,有利于人们充分认识生态哲学观的重要性,并将其作为生态言行的指导。

(二)中国古代生态哲学

生态哲学观在具体客观世界的发展中产生,受到历史、文化、环境等的显著影响。在我国,古代传统哲学是人们生态哲学观形成的重要思想源泉,先秦诸子百家诸多流派和文献典籍中,都有关于人与自然的生态论述,儒家、道家、农家、杂家、阴阳家等的思想对后世生态哲学影响巨大,尤其是儒道两家"天人合一""道法自然"等观点还影响到国际生态语言学研究,斯提布就曾坦言受到这两派的生态思想的重要影响。今天看来,中国传统生态哲学伦理具有跨时空的意义,体现了对人与生态的多重认知。

1.如何认识人与自然关系方面

(1)顺应自然、保护自然

先秦时期的不少文学作品反映了人们对自然的认知。《诗经》中许多诗歌反映了民众顺应自然、保护自然的生态观念。例如《国风·豳风·七月》中就反映了自然时序在农业生产中的重要性,多次出现顺应时令耕种并收获的场景,体现出先民对自然规律的掌握和对自然时序的重视。还有不少反映民众发挥主观能动性植树造林、保护自然的作品,显示了先秦时期人们对自然的依赖,以及当时人们普遍具有的人与自然和谐、重视自然可持续发展的生态观念。

(2)"天地人"合一观念

作为我国古代文化的发轫之作,《周易》中也不乏体现先民生态智慧的表述。比如首次科学阐释了天、地、人三者的正确关系的"天人合一"观念,把人看作天地间的一部分,揭示出"时""变"都源于自然的变化,人类生活在天地间,不能违背自然变换之理。这一思想率先将自然规律与人类社会相关联,对后世儒道思想的形成产生了重要影响。

(3)天人和谐、道法自然

在前人生态认知的基础上,儒家、道家等主流思想流派形成了自己的生态思想,对后世产生了极大影响。儒家、道家都认为,人生于自然、依赖自然,人与自然应和谐统一。庄子《齐物论》所谓"天地与我并生,万物与我唯一",明确指出人与自然的有机联系。大儒董仲舒也提出"事物各顺于名,名各顺于天。天人之际,合二为一"的观点,指出天、地、人三者功能不同但相互融合,人与自然是和谐统一的整体。老子《道德经》中指出"人法地,地法天,天法道,道法自然",即人类应该遵循自然万物的固有规律,以生态的方式对待自然界其他物质要素。

总的来说,这些认知与西方生态哲学中生态中心主义的观点更接近,重视生态伦理,主张对人类、动物、生物和非生命体持仁爱之心。

(4)孔子的"和谐"生态伦理

孔子作为儒家思想的创始人,对人与自然的关系有独到深入的见解。他指出,自然是客观存在,其中各要素相互依存,人身处自然之中应该敬畏自然之理、不破坏自然秩序;人与自然万物应和谐相处并节用有限的自然资源,实现可持续发展。孔子将自然之理的生态认知延伸至社会生活,其"仁者乐山,智者乐水"的观念一方面指出人与自然万物的同质相通,另一方面通过体悟自然阐发人类生存之理,其敬畏自然、尊重自然之序的天命观和社会伦理观,都为中国生态哲学的深化与承继做出了重要贡献。

2.如何看待人类自身方面

（1）人与天地关系平衡

对于人类在自然界中的地位和利益,《周易》中即批评了单纯的人类中心主义,而针对如何在天、地、人三者关系中取得平衡,主张对关系进行细分,即认为"天人合一",但人类利益为中心。

（2）注重生态伦理秩序

儒家进一步发展了"天人合一"的观念,认为天、地、人三者中,人与物虽同处于自然一体中,但相互间存在等级关系,即所谓"人有气有生有知亦且有义,故最为天下贵也":人类有其特殊性,也有可持续发展的正当权益,为维持人类更好地生存,可以对自然合理取用;在人类与自然界其他生命体产生利益分配的矛盾时,应该以保护家庭至亲为先,并以此为中心向其他生命体辐射,体现出关系的远近亲疏。这种生态伦理秩序符合社会发展现状和人类现实需求,在人与自然万物关系的认知上有明显的进步意义。这一思想被我国生态语言学家黄国文等发扬后用于当代中国语境下的和谐话语分析中,黄国文将其概括为良知、亲近、制约三个原则,对分析生态话语、形成科学的生态哲学观具有十分重要的参考价值。

生态哲学是中国古代文化的重要组成部分,体现了我国先贤对人与自然、人与自然万物以及人与人之间关系的生态认知,时至今日,仍旧有十分重要的科学意义与参考价值,对国内外生态语言学研究都产生了重要影响。探究古人生态哲学观的内涵与形成背景,对我国生态可持续发展以及和谐社会构建都有重要启示。

（三）黄国文的"人本"生态哲学观

黄国文继承和发扬了中国传统儒道文化中的生态智慧，从中国社会历史文化背景出发，着眼于中国语境下人与人、人与自然之间的良性互动，构建了富有中国特色的人本、和谐的生态哲学观。

1."以人为本"假定

黄国文开创了中国语境的和谐话语分析范式，提出"以人为本"的假定和良知、亲近、制约三原则。在社会实践中，人类始终追求美好生活，无论过去、现在还是将来（狩猎文明时代、农业文明时代、工业文明时代、生态文明时代、物种文明时代），人类都会利用自然资源来提高自己的生活质量，因此，基于社会现实，"以人为本"强调动物和植物的生命都需要得到尊重和爱护，但在人与动物的选择上，首先选择的是人。

黄国文指出，人与其他生命形式（包括动物、植物等）的主要不同是"性善"，人是天下第一宝贵的；做人必须有道义、有良知，这是人与其他物种的主要区别之一；我们的世界观、价值观、伦理观、生态观中的要素有重要与次要之分，也有先后之分。因此，他提出话语分析的三原则：良知原则是指人要自觉、自愿地关爱自然，追求人与自然的和谐共处；亲近原则是人与地球上其他生命形式因地理、空间、认知、情感和知识结构等方面因素而产生亲疏关系，应该按照这种关系对生态话语和行为做出判断；制约原则指人的行为还应该受个人修养、社会约定和国家法规的制约。①

2.适合中国语境

黄国文的生态哲学观凸显了对人类本质与发展的思考，也符合我国经济社会发展和生态文明建设的现实需求。

---

① 黄国文.论生态话语和行为分析的假定和原则[J].外语教学与研究,2017(6)：880-889.

（1）天人合一

人是自然的一部分，必须依赖自然、顺应自然、关爱自然，追求人与自然的和谐共处，应摈弃人类中心主义的错误观念。

（2）人有正当权益

人类与自然万物地位平等，但因为人类自身的特殊性，在生态系统可持续发展中担负着重要角色，也肩负着生态治理的重要使命，因此处于生态系统中的人和动物亲疏有别，当人与动物的利益产生冲突时，应该优先保证人类利益。这一主张与《周易》产生以来形成的传统生态观念有承继关系。

（3）符合经济社会发展现实

同样强调自然资源的有限性，也基于社会经济发展的现实需求，黄国文提出，应该根据不同地区和国家的经济状况区别对待"增长"问题。他批评单纯为追求经济增长而不顾生态环境、造成各种生态危机的"增长主义"，认为"增长"应以保障人类的长远利益为衡量尺度，以确保人类社会的可持续发展。

（四）何伟的"共生"生态哲学观

1.建构普适的生态哲学观

受到斯提布的影响，何伟等也指出生态话语分析需要生态哲学观的指导。他主张并努力尝试建构普适的生态哲学观，比如建构适用于自然生态话语的"和谐生态场所观"，强调不同自然生态系统之间、人与自然之间、人与人之间等不同生态场所的良性关系，主张"和谐"应该是所有生态系统发展原理的高度概括。①

---

① 何伟,张瑞杰.生态话语分析模式构建[J].中国外语,2017(5):56-64.

2.多元和谐、交互共生

在此基础上,何伟等还尝试扩大生态哲学观的适用范围,在对国际生态话语特征考察的基础上,提出"多元和谐,交互共生"的生态哲学观。①

我们看到,此前已有不少国内外学者建构了针对国际生态话语的"和平观""多样化""健康观""交流观"及"合作共赢观"等多种生态哲学观,有一定的代表性,但仍没有准确概括、全面系统地体现国际社会生态系统的复杂性及各国生态系统间的交互作用。因此,何伟等进一步提出应该从静态和动态两个维度描述国际关系,针对当前复杂多变的国际形势和层出不穷的新型生态危机,突出生态哲学观的主观性与客观性,强调国际生态系统的"和谐"是国与国之间尊重各方利益、承认差异的多元和谐,同时各国应该积极应对全球生态危机,在"交互共生"中建立互相补充、彼此融合的互动交往模式,以促使各国都成为有生态意识的"生态国",形成具有生态意识的"生态国际社会"。

以上几种生态哲学观都十分具有代表性,也对生态语言学研究产生了重要影响。此外,还有多种生态哲学观也值得关注。比如我国学者潘世松基于豪根的隐喻范式提出"语言生态伦理"的生态哲学观,认为只有各种语言和谐共生才能达到理想的语言生态平衡,而语言生态平衡无疑有利于维护生物多样性。② 这种生态哲学观强调语言生态的重要性,体现了语言多样性与生物多样性的密切关系和相互作用。这也与生态语言学研究成果相吻合,同样具有进步意义。

---

① 何伟,魏榕.多元和谐,交互共生:国际生态话语分析之生态哲学观建构[J].外语学刊,2018(6):28-35.

② 潘世松.语言生态伦理的性质及原则[J].南昌大学学报(人文社会科学版),2014(3):151-156.

第二节　生态哲学观在生态治理中的功用

一、生态哲学观的语言表征

生态语言学认为,人类、非人类生命体及其他非生命体共处于同一生态系统,是相互联系、互相依存的生态主体,在本质上具备同等重要的地位。人类又因其自然属性和社会属性的特殊性,成为肩负解决生态问题重任的责任主体;人类的语言和行为能够明显影响生态进程,缓解生态系统中各种矛盾。

语言作为人类与生态环境的互动中最重要的手段之一,是人类个体认知生态系统的主要媒介,而语言的产生受到个体对所处生态环境的认知即"生态哲学观"的左右,在生态哲学观影响下的一系列生态认知与价值体系会以语言形式表征,作用于社会实践,成为人类对生态系统的具体施为,不断地影响自然环境。人类在改造世界、解决生态问题的过程中必然依赖语言,我们也可以以语言为监测点,探究影响语言形式的深层认知原因,以此作为生态治理的语言学路径。

二、生态哲学观的现实功用

生态语言学认为,语言是政治手段,与社会意识形态紧密相关,并能够为意识形态建构和传播提供各种资源。因此,以构建社会群体的生态哲学观为目标,通过生态话语构建传播相应的生态认知与生态理念,在民众中进行生态教育,能够影响更广泛的群体形成科学的生态哲学观,从而大大拓展其作用范围,最终实现生态保护和生态治理。

（一）科学的生态哲学观有助于解决生态危机

1.对生态实践产生积极影响

尽管目前生态哲学观多用于生态语言学研究，但宏观而言，生态哲学观是在实际生态情境中真正发挥作用的观念因素，能够影响我们构建生态话语，指导并实施生态行为。本质上看，生态哲学观属于意识范畴，有其独特的科学属性，它既是对客观物质世界的反映，又会反作用于物质世界。符合自然规律、科学全面的生态哲学观能够引导人们做出有利于和谐社会构建及可持续发展的行为选择，帮助人们解决各类生态危机；违背自然规律、消极错误的生态哲学观则会带来更多的生态破坏行为，威胁人类社会的正常发展。

2.有利于形成生态型社会意识形态

生态哲学观的存在具有普遍性，任何一个生态实践主体都可以拥有自己的生态哲学观，在生态哲学观指导下考察生态环境、关注人类可持续发展。个体拥有的生态哲学观会受到诸多外部社会因素的影响，因此，可以通过政府引导、主流媒体宣传等有效手段加以干预，帮助更多的人建构科学的生态哲学观，促进其良性演进，从而在社会上达成广泛的生态共识，使之进入主流话语体系，形成生态型意识形态。这样就会逐渐实现从思想意识层面进入现实话语层面，真正促使人们实施保护生态系统的言行。

因此，个体的生态哲学观可以借助生态宣传与教育等有效手段，拓展至生态文明建设群体共有，从而在社会上形成广泛的生态共识；生态哲学观会借助语言这一外部手段表征个体的生态认知，对构建生态话语有决定性作用，由此便可推动全社会的生态保护行动，达到解决生态危机的目的。

发挥人类在生态可持续发展中能动性的前提是提高人类的生态意识。

认识到生态哲学观的积极作用,我们每个生态文明建设的实践主体就要发挥主观能动性,密切关注生态环境及生态系统中各要素的生存状态,观察有益于环境保护的话语和行为,反思生态危机产生的原因,明确哪些人类非生态行为造成了何种危害;积极吸收符合自然规律的生态理念,形成科学生态哲学观,在其指导下实施各类生态社会实践,从而推动我国社会主义生态文明建设进程。

(二)建构"和谐"生态哲学观在我国生态建设中的价值

1. 生态哲学观形成的客观性

生态哲学观是人类对客观生态环境的反映,必然带有社会的客观特征。科学的生态哲学观应该与个体所处的社会、历史、文化等情境协调,为推动社会可持续发展提供思想动力与源泉。因此,要充分认识到,不同社会背景应该有与之相适应的独特生态哲学观,以指导其生态建设。

2. "和谐"生态哲学观的独特性与普适性

"和谐"生态哲学观有其独特性。它源自中国传统哲学,符合我国现阶段国情和生态现状,体现在"生态兴则文明兴""人与自然和谐共生""绿水青山就是金山银山""良好的生态环境是最普惠的民生福祉""山水林田湖是生命共同体""用最严格制度最严密法治保护生态环境""共谋全球生态文明建设"等一系列新理念、新观点、新理论中,作为我国生态文明建设的行动纲领和思想指南,在我国社会主义生态实践中不断发展完善,对生态修复、生态治理和生态保护各方面重要工作都产生了巨大的作用。

"和谐"生态哲学观又有其普适性。它拥有深厚的历史文化渊源,在社会上有坚实的认知基础,在中国语境下,政府作为生态话语的构建主体,为实现"人与自然和谐共生"的生态文明建设目标,主动构建了大量生态有益性话语,体现出对生态的系统性、科学性认知,在社会上广泛传播,已经使生态观念深入人心,在生态建设与治理中发挥了巨大实效,有效彰显了生态哲学观在现实生态情境中的作用,并在不断拓展积极作用的范围。"和谐"生态哲学观必将在国家生态文明建设中产生更大的合力,生态问题也必然会迎刃而解,这就增强了生态治理语言学路径的可行性。

(三)科学生态哲学观的积极作用

在我国,科学的生态哲学观已经显示出对中国特色社会主义生态文明建设强有力的推动作用。

早在先秦时期,我国先民就已经形成"天人合一"等生态哲学,倡导天、地、人三者相互依存的和谐关系,在长期的社会发展中产生了深远影响。我国在社会主义生态文明建设过程中,不断吸收这些在特定社会历史条件下形成的先进理念和科学理论体系,在融合中国生态哲学和马克思主义生态哲学的基础上形成了一系列先进的生态理念和科学理论体系,由此形成党和国家的生态文明建设方针、政策。"人与自然和谐共生"的生态理念渗透到各个领域,影响到生态取向鲜明的主流话语体系构建,在全社会起到了生态教育的作用,已经促使更多的生态建设主体建构起科学的"和谐"生态哲学观,在提升公民生态素养、引导其实施生态言语和行为方面发挥了重要作用,也为我们探究生态哲学观的工作机制与实现途径提供了有益参考。

第三节　普适的生态哲学观建构

一、普适的生态哲学观建构的重要意义

生态哲学观不仅是生态相关的系统性观点、一种生态语言学分析原则，更是生态实践的指导原则，能够在实际生态环境中发挥实效。因此，要探索生态哲学观的形成及工作机制，使其在生态实践中发挥作用，真正用于生态问题的解决。

由此可见，生态哲学观的建构有助于扩大生态人范围、拓展生态教育。我们看到，生态哲学观有其形成的思想理论根源，可以为生态研究者所拥有，也能够影响更广泛的个体与社会群体有意识地形成关于生态的科学认知。因此，任何社会一员都可以拥有科学的生态哲学观，并体现于个人的生态实践，从而对生态可持续发展产生积极影响。

因此，要深入分析人类个体的生态哲学观与其语言行为的密切关系，揭示科学生态哲学观影响形成的语言表征对生态环境产生积极影响的工作机制，建构一种普适的生态哲学观，从思想意识层面为生态治理提供有益路径。

二、生态哲学观的主客观特征

通过上一节中对各种有代表性的生态哲学观的分析，可以观察到生态哲学观构建的两个重要维度——主观性与客观性。对比这几种生态哲学观，以斯提布为代表的研究者承认生态哲学观与客观世界的关联，但更注重生态伦理框架的主观性，强调生态话语分析中不同研究者生态哲学观点也

存在差异,都有其形成的不同来源与轨迹,这些不同的生态哲学观对分析生态话语有决定性作用。在斯提布的影响下,国外研究更多关注生态哲学观的个体主观维度,相关探讨也更充分。

相比之下,黄国文、何伟等中国学者对生态哲学观的分析更注重其客观性。他们在继承中国传统生态哲学的基础上,认识到这些持共同生态取向的观念都有其形成的客观社会基础,因而,在对中国语境下科学的生态哲学观内涵及其共性特征的考察基础上,力求建构更客观、普适的生态哲学观,反映特定社会环境与生态系统的客观现实,也努力发现能对他国生态治理有借鉴意义的关键所在。尤其像何伟等针对国际生态系统的良性运作提出的"交互共生"的生态哲学观,都是在我国传统生态哲学基础上的进一步演绎,具有更强的客观性和普适性。

在对多种生态哲学观探讨的基础上,我们认为普适的生态哲学观建构原则应兼顾个体主观性和社会客观性两个维度,通过隐性与显性两种途径,实现从个体培养向群体共有的演进。

三、个体性与客观性两个维度的体现

个体性和客观性是生态哲学观的根本属性,也是构建科学生态哲学观的必备维度。

(一)生态哲学观有个体差异与主观性特征

1. 生态哲学观明显的个体差异性

黄国文援引奈斯的观点指出:生态观就是生态和谐观,包含标准、法则、前提、价值取向和相关状态假设。一个人的生态观的形成受很多因素影响,主要是由他所处的环境(包括生长的地方、生活的条件、受教育的程度、所接触群体的范围、对历史与地理乃至人类发展史的了解以及个人的价值观、伦理准则等等)和他的经历等因素影响后形成的。有人认为要以生态为中心,有人认为要以人类为中心,有人对生态问题抱悲观主义态度,有人则抱乐观主义态度。生长在同一个环境下并接受几乎同样教育的两个人,也可能采取完全不同的生态观。①

因此,生态哲学观首先体现为研究者等生态实践个体对生命体与环境关系的科学理解,是个体主动、有意识选择的结果,体现出生态实践者的个体特征,能从中考察实践个体的相关经历、对生态的相关思考等,也可以从与其类似的生态实践与生态思考中概括建构"和谐"生态哲学观的共同要素,给人们以有益启示。

2.生态哲学观的鲜明客观性

首先,生态哲学观是客观现实在大脑中的反映。生态实践者个体所处的社会环境与成长经历等各有不同,他们的生态哲学观所蕴含的价值准则也有所不同。但不可否认的是,不同个体的生态哲学观都是客观世界在人脑中的反映,能体现人类作为生态实践主体对人与人之间、人类与自然界之间以及人类与自然界其他生命体、非生命体之间关系的认知,能够影响人类对环境污染、物种灭绝、资源枯竭、语言文化濒危等生态危机的看法。同时,不同个体的生态哲学观都是生态实践主体受到日益严重的生态危机的驱动后形成的,有其客观必然性。

其次,生态哲学观具有客观的普适性。生态危机的存在是全球性的,解决生态危机是世界各国的共同使命,因此身处不同国家的实践个体的科学生态哲学观必然都以解决生态危机为目标,以人与自然和谐为追求,有其明

---

① 黄国文.论生态话语和行为分析的假定和原则[J].外语教学与研究,2017(6):880-889.

显的客观共性。这些科学的生态哲学观可以帮助人们生态地看待自然界及其运作规律,也能促使不同个体突破所在社会的局限,以更广阔的视野看待全球生态系统,更加客观全面地认识国际社会生态系统的复杂性,从而构建普适的生态哲学观,形成人类命运共同体意识,来解决普遍性的生态问题。

(二)生态哲学观是主观性和客观性的统一

总的来说,生态哲学观的主观性与客观性是矛盾统一的整体。生态哲学观首先是个体在生态实践中有意识选择的结果,体现更多的是个体的生态价值倾向与情感倾向,有鲜明的主观色彩;与此同时,生态哲学观的建构又源于现实,与现实相吻合,是客观外部环境、实际生态情境在人脑中的必然反映,体现出鲜明的客观性。

从实际应用来看,当今不少生态学者在自然的内在价值、人类的主体性、特殊性和人类利益的正当性等问题上都有所回避,其思想根源在于没有充分认识生态哲学观基于现实建构的客观性特征。这种生态哲学观指导下的生态话语分析就与社会和生态现实不符,因而无法有理有据、富有说服力。

由此可见,我们要建构的生态哲学观必须从生态哲学观的根本属性出发,实现主观性与客观性两个维度的矛盾统一,这样才有可能在科学的生态哲学观指导下解决实际生态问题。

四、生态哲学观由个体拥有向群体共有的演进

(一)理论可能性

生态哲学观并不是社会群体开始即共同拥有的生态观念,尤其在当今生态危机日益严峻的形势下,各国民众的生态意识普遍不强,全社会共有的

科学生态哲学观尚未形成。但在现实情境中,使个体生态哲学观拓展为群体拥有的意识形态具有理论可能性,可以通过多样化手段对生态实践产生积极影响。

奈斯指出,生态研究的目的在于建构自己的生态观,以解决与自己实际情况相关的生态问题。[①] 当个体的生态哲学观通过政府或媒体宣传等途径进入主流话语体系,与词汇、语法系统相结合时,就能对公众产生潜移默化的影响,形成广泛的生态认知,从而帮助他们在此基础上建构科学的生态哲学观,不断扩大生态哲学观拥有者群体。这种情况下,个体的生态哲学观就会演变成同属于哲学意识范畴的生态意识形态,影响到民众生态话语的构建,在其生态实践中促发生态有益性行为,达到保护生态环境的目的。

(二)实践可行性

黄国文在中国语境下提出培养"生态人"的观点。"生态人"即为拥有科学的生态哲学观的人,既是个体概念,也是群体概念。这就是生态哲学观由个体拓展至群体设想的最佳诠释。黄国文所说的"生态人"源于道家"天人合一"观念,兼具自然性和社会性,人不再是传统所认为的自然界的主宰,而应该是拥有人类正当权益、具有强烈的生态意识的生态保护者,遵循"思,以生态语言学为本;行,以生态语言学为道"的研究理念。[②] 与自然界其他生命体不同,"生态人"在解决生态问题中可以充分发挥主动性,在积极实施生态行为、进行生态治理方面发挥主体作用;"生态人"可以是进行生态研究的学者,也可以是范围更大的生态实践者,通过生态教育可以使更多的人成为"生态人",他们共同追求语言、人类、自然环境和社会环境的生态统一,共同致力于构建人与自然和谐的生态社会。

---

① Naess A. Ecology, Community, and Life style: Outline of an Ecosophy[M]. Cambridge: Cambridge University Press, 1989: 36.

② 黄国文. 外语教学与研究的生态化取向[J]. 中国外语, 2017(5): 1, 9-13.

通过构建社会生态文明体系、进行生态文明教育等手段，能够使最广泛的社会群体拥有科学的生态哲学观，通过国家力量的宣传推广发展成为社会的生态意识形态而作用于生态实践，能够对生态系统产生积极有益的影响，因此具有理论可能性与实践可行性。从我国生态文明建设的现实来看，个体的"生态人"正在向群体演进，这种观念与认知在中国语境下以坚实的中国传统生态文化为思想基础，也在社会主义生态文明建设中具有实践的可行性，值得重视并付诸实践。这也正是我们建构科学生态哲学观、从思想意识层面探寻生态治理根本路径的最主要原因。

五、生态哲学观的建构途径

在生态文明建设实践中，一部分生态自觉者，包括生态学者、关注生态与环保的实践者等，他们对生态系统的运作规律有清醒认识，能够洞察生态危机产生的原因，拥有强烈的生态责任感，会在社会生活中成为生态实践的倡导者和先行者，自觉实施保护生态的言行，以个体的力量对其他人产生积极影响，督促其实施生态言行。

此外，国家力量通过制定相关法律法规、宣传生态政策、进行生态教育，将生态哲学观融入主流话语体系拓展至更大范围，成为大众熟知并认可的生态认知，影响到群体生态哲学观的建构，由此强化社会生态意识，影响广大生态实践主体产生长久的、自觉的生态思维方式和行为模式。这种隐性生态哲学观建构方式影响面更广、作用力更大，生态哲学观因此能够实现从上到下的传导，并在社会群体广泛的言语和行为中体现，最终在全社会形成生态型意识形态，从而达到全社会共同进行生态保护的目标。

上述两种建构方式各有特点。生态研究者和自觉者可以明确指出科学的生态哲学观的重要性，并将其体现于具体的生态实践中，是典型的显性生态哲学观建构方式，在一定范围内可以传播；而国家力量的宣传推广，即使没有明确说明何为生态哲学观并强调其重要性,属于隐性传播,但却能在主流话语体系中有效传播生态理念,对社会意识形态产生积极的生态影响,从而对生态保护产生积极作用。

因此,显性与隐性建构途径都应受到重视,并力求在特定的社会群体和生态情境中推广开来。在推动形成社会生态意识形态的过程中,这两种建构途径可以齐头并进,共同为生态保护做出应有的贡献。

第四节　中国语境下的"和谐"生态哲学观

一、"和谐"生态哲学观建构的价值与意义

(一)对生态实践的积极反作用

生态哲学观是个体对生态关系的综合性认知,又对生态系统有鲜明的反作用,有明显的主观能动性。生态哲学观是对现实建构的成果,是个体在社会生态实践过程中形成的一系列对自然及自然界其他要素的经验与认知,反映人类意识与物质的交互作用。生态哲学观一旦形成,就会在人类话语和行为中得以表征,从根本性的思想意识层面作用于社会实践。与意识形态反作用于社会实践的原理相同,符合生态规律的生态哲学观会使人们从事绿色可持续的实践活动,忽视甚至违背生态规律的生态哲学观则会使人们不断破坏自然、打破生态平衡。因此,生态哲学观对生态实践的反作用,必然要在生态建设实践中予以重视。

生态语言学研究早已指出,生态哲学观和意识形态都处于发展变化之中,消极的生态哲学观也能够在外部的积极影响下转化为科学的生态哲学观,研究者和生态先觉者可以在充分认识科学的生态哲学观及建构方式的前提下,通过分析生态实践中的非生态因素,引导人们分析、批评进而反思非生态话语产生的根源,认识到以往生态问题的产生多源于自身错误的生态认知,以及建构科学生态哲学观能显著影响生态行为,从而主动选择有益于生态的价值观,积极实施保护生态环境的行为。

在我国生态文明建设实践中,可以通过生态教育宣传等多种手段影响

人们的生态意识。比如,充分利用新媒体时代信息传播的便捷与高效,打造更广阔的传播平台宣传生态哲学观,引导广大实践主体形成生态认知、提升生态素养,在科学的生态哲学观指导下实施生态言行,从而形成群体共有的生态意识形态,为更好地进行社会主义生态文明建设创造更大的可能。

(二)我国生态文明建设成果的现实佐证

党的十八大以来,我国十分重视生态文明建设,已经取得的丰硕成果为"生态哲学观对生态有积极反作用"这一观点提供了现实佐证。生态文明建设先进思想与理论中体现的"和谐"生态哲学观早已深入人心,形成了集体性生态经验,成为生态文明建设的重要精神成果。主要内容包括以下方面。

1. 生态危机的根源

生态危机源自人类对自然的不当行为。人类历史上因发展经济、推动社会进步的需要,曾出现很多破坏生态、肆意掠夺自然资源的行为,造成资源枯竭、环境污染等严重的生态危机,需要进行严肃的反思。

2. 人类发展的出路

寻求可持续发展之路具有紧迫性。生态危机已经严重威胁到人类生存,美好的自然环境是地球可持续发展的前提和人类社会可持续发展的前提,需要积极寻求有效途径,综合技术手段与非技术手段,共同保护生态、解决生态危机。

3. 生态保护的作用

保护生态环境能够给人类带来福祉。"绿水青山就是金山银山"理念已经使人们从保护自然生态中获取了经济红利,经过了实践检验,奠定了中国特色的发展经济与保护环境二者并行不悖的绿色发展路径,为他国寻求可持续发展提供了宝贵经验。

二、新时代科学的生态哲学观建构

生态哲学观建构是着眼于社会生态系统全貌、为促进生态系统良性发展而提出的。要在揭示生态系统良性发展共性的基础上构建出具有普适性的生态哲学观,提高生态建设主体的生态意识,共同解决生态问题。

(一)建构目标

我国新时代科学的生态哲学观建构目标包括两个方面。

1.体现生态建设主体的主观性与社会主义社会的客观性的有机统一

首先,要体现建设主体的主观性。每个人都向往和谐美好的生态环境,科学的生态哲学观应该体现人们对社会主义新时代生态关系的共同的、科学的认知,都以追求生态系统和谐与可持续发展为目标,因而不会只属于个别研究者或环保主义者个人所有,而应该成为社会群体普遍适用且共同拥有,甚至能够演进为社会生态意识形态,指导所有生态实践主体实施生态行为。

其次,应该适应我国新时代可持续社会发展需要。建构科学的生态哲学观要基于我国新时期的现实需求,充分考虑基本国情。这样的生态哲学观才能真正发挥其现实指导性,才能得到民众的认可,并在社会生态的真实情境中发挥应有作用,成为生态治理和生态系统良性发展的有力保障。

2.体现马克思主义哲学观与中国传统哲学观两个向度

首先,中国传统生态哲学对生态主体的生态哲学观建构具有至关重要的作用。"人与自然和谐"是我国传统生态哲学的核心,尊重自然、顺应自然等生态观念长期以来已经对广大民众产生积极影响,在社会上拥有坚实的思想基础。我国学者提出的和谐语言观、和谐心智观以及和谐生态世界观等,也都立足于人与自然和谐的准则,对传播生态理念产生了积极影响。此外,我国生态文明建设实践中逐渐形成的生态文明理念,也体现了科学的"和谐"生态哲学观,已经在生态保护和治理实践中发挥了思想引领与实践指导作用。

其次,马克思主义生态哲学也应该是我国新时代生态哲学观建构的必要维度。马克思主义生态观中"人与自然的和解""人类自身的和解"两个基本价值取向,明确指出了人与自然之间和谐关系构建的重要性,也引导人们正确看待自身在自然系统中的地位,严格约束非生态的言语行为;马克思主义语言观中语言的社会性理论,语言、物质和意识的关系,以及语言形成观等理论,也对我们建构科学的生态哲学观有重要的启示作用和实践应用价值。

因此,建构科学的生态哲学观应该以我国传统生态哲学和马克思主义生态哲学为理论根基,普遍适用于社会所有个体与群体,真正实现主观性与客观性的有机统一。这种"和谐"生态哲学观在我国社会主义生态文明建设中具有强大的实践应用价值。

(二)基本内涵

科学的生态哲学观应该以追求人与自然的和谐共生为目标。国内生态语言学者在研究中普遍强调要追求"生态和谐",例如冯广艺、潘世松、黄国文、何伟、周文娟等,都提出中国语境下的"和谐"生态哲学观。我国社会主义新时代的生态哲学观也应该着力实现生态系统的良性运行和人类社会可持续发展。因此,新时代科学的生态哲学观应拥有以下内涵及认知。

1.人类在生态系统中的地位有其一般性与特殊性

人类在生态系统中的一般性体现为人是自然的重要组成部分,人与自然合一、生命有机体与环境相互依存,人类与其他生命体都享有同等地位,拥有生存发展的正当性。

人类在生态系统中的特殊性则体现在人类是解决生态问题的主体。为此,一方面,要在生态实践中客观看待自身与其他生物的不同特征,避免"人类中心主义"的思想倾向;另一方面,要努力承担和践行人类对自然生态系统的责任与使命、权利与义务,在充分认识自然界特征,以及对以往人类历史反思的基础上,发现人类社会与生态系统相互作用的规律,积极探索科学的可持续发展路径,切实发挥主观能动性保护好人类赖以生存的家园。

2.合理处理人与自然万物的关系

充分吸收中国传统文化中顺应自然、保护自然的生态智慧,热爱自然、倡导生态伦理,对自然万物实施生态关怀,传承和发扬儒家生态思想中倡导的对植物、土地、山川等持有的"恩至禽兽"等态度,避免因对自然万物的自私、贪婪与冷漠的态度而造成的生态危机。

3.重建人与自然和谐共生的关系

在人类长期的发展过程中,出现众多因过分追求经济社会发展而使生态被严重破坏的行为。随着全球性生态危机的加剧,当前生态建设最重要的任务就是重新唤醒人们对生态问题的关注,使其充分认识人类言语行为与生态环境之间的互动关系,提升人们的生态素养与生态意识,使语言生态系统与社会生态系统、自然生态系统保持良性互动,以重建人与自然应有的和谐共生关系。

三、中国语境下"和谐"生态哲学观的普适性

中国语境下"和谐"观念拥有悠久的历史文化基因,广泛适用于各类自然生态系统和社会生态系统。"生态"即"和谐",强调人与人、人与其他物

种、人与自然之间的和谐。因此,无论在个体还是群体、中国还是西方,"和谐"生态哲学观都有其普适性,对其他国家或地区的生态建设具有重要的启示意义。

(一)能够在个体和群体两个层面建构

如前所述,中国语境下的"和谐"生态哲学观不仅已经为某些生态研究者、生态先觉者或生态践行者所拥有,而且在国家力量的主导下,在社会上得以广泛传播,正在逐渐发展成为社会群体共同拥有的科学生态哲学观,形成社会普遍的生态意识形态,从思想认知层面推动实现生态治理。

尤为重要的是,"和谐"哲学观已经在我国的生态文明建设中产生了积极影响和丰硕的实践成果,在社会上拥有深厚的思想根基和广泛影响力,强调"天人合一""以人为本""知行合一"等重要理念,都追求"人与自然和谐共生",这更证明了科学的生态哲学观的客观维度特征,体现出达成共识的原因:都源于相同的社会背景与传统文化背景,都有对生态问题的关注与深入思考,都有共同的看待自然万物的生态眼光,以及对社会未来可持续发展途径的思考、对生态系统平衡发展的美好向往等。

这些体现生态哲学观客观性与主观性有机统一特征的生态认知,已经形成符合我国特定经济发展现状和生态国情,相互关联、内在统一的理论体系,正在我国社会生态文明建设中发挥着重要的引领作用,也充分体现了"和谐"生态哲学观在各类生态实践主体中普遍适用的特征。

(二)拥有中国生态哲学与马克思主义生态伦理两个向度的科学自然观

我国新时代的"和谐"生态哲学观基于中国传统生态哲学与马克思主义生态哲学两个向度建构而成,其科学自然观同时着眼于国际社会生态系统平衡与全球生态治理,具有鲜明的普适性和十分重要的借鉴意义。

"以人为本"、人与自然和谐共生作为我国生态文明建设的思想基础,体现了对人与自然关系的立场和态度,这些观念拥有深厚的哲学理论基础,以"天人合一""人与自然是生命共同体"等作为语言表征,全面认识人在自然界中的自然属性和特殊的社会属性,强调生态文明建设中人的主体性和主观能动性。马克思主义科学自然观也充分强调人与自然和谐关系的营造,指出人类作为生态主体,其言语行为对生态系统的影响,倡导人们实现"生态人"的人性全面发展目标,促使人类充分发挥在生态可持续发展中的主体作用。

这种融合两种科学理论,以尊重自然、顺应自然、爱护自然为本的科学自然观,已经在中国的生态实践中形成一系列重要举措,形成一条具有中国特色的生态治理路径,同时其科学性和普适性也对他国生态治理具有重要的借鉴意义。

(三)尊重人类特殊性与正当权益、探寻绿色发展方式的科学发展观

在我国社会主义生态文明建设的长期实践中,政府明确指出发展经济是尊重人类发展的正当权益、提高民生水平的必要条件,而创造美好的生态环境才是人类社会可持续发展的必要条件,强调只有"绿色发展"才能实现人与自然和谐共生。时至今日,绿色发展理念已经在实践中不断检验、臻于完善,形成正视我国经济社会发展现实需求、保护环境与经济建设并重的发展理念,转变了对人与自然关系对立的传统认知,形成生态思维方式,实现生产方式和生活方式的绿色化,让良好的生态环境成为人们生活的增长点。这种充分尊重人类正当权益和发展需求的生态哲学观具有明显的普适性,可以作为国际社会生态系统可持续发展的有益借鉴。

(四)生态主体空间维度极大拓展的国际生态观

我国生态文明建设中,基于"和谐"生态哲学观,提出了"共同体"理念。"共同体"是中国传统儒道文化中"天人合一""以人为本"思想的深化,强调

人类整体对生态环境保护的道德责任。"命运共同体"理念极大拓展了生态主体的空间维度,首先从人类个体拓展至社会群体;"人类命运共同体"又从关注本国生态平衡拓展至全球生态平衡,致力于营造国际生态系统中各国之间的良好关系,体现了"和谐"生态哲学观的科学伦理、治理策略和广阔视野。因此,中国语境下的"和谐"生态哲学观对于世界范围的生态建设同样具有普适性,为正确处理全球生态治理中国与国之间的关系、明确各国生态责任提供了思想导引,具有更广泛的指导意义。

本章集中探讨了我国社会主义生态文明建设中,建构科学生态哲学观的意义、作用与原则、方法等。综上所述,我国社会主义生态文明建设取得巨大成就,得益于社会层面的"和谐"生态哲学观建构与影响。中国语境下的"和谐"生态哲学观具有明显的科学性和普适性。

当前,全球生态危机的共性十分明显,人们对生态危机社会层面的反思与认知结果也高度一致,"和谐"生态哲学观对于构建社会生态文明建设话语体系、突破全球生态治理中的西方话语陷阱具有重要作用;同时,"和谐"生态哲学观也适用于对全球生态系统的分析与考察,在积极探索解决全球性生态问题的有效途径、促进国际社会生态系统的和谐发展方面能发挥积极作用。

第六章

生态话语构建

生态语言学是在全球生态危机日益严峻的背景下发展起来的交叉学科,旨在通过语言和语言研究重建人与自然的和谐关系,近年呈现出与生态建设实践紧密结合的发展趋势,主要通过生态话语分析和隐喻生态分析等方法,批评话语中的非生态表达,实现话语的生态重构,借此影响人们的现实言语行为,对生态实践产生积极影响。

在我国生态文明建设中,生态语言学研究与我国构建和谐社会的现实需求相吻合;在中国语境下,构建和谐社会的指导思想与理论体系也在中国生态语言学本土化建设中具有引领作用。因此,可以在深入认识语言与生态关系的前提下,将两个领域的研究彼此沟通,拓展研究视野和研究方法,尝试采用生态话语学研究方法,从构建生态话语的角度实现语言的社会功能,使语言与其所处的社会生态系统和自然生态系统之间真正实现相互塑造、相互作用,从而起到保护生态的作用,借此进行更多更有效的生态文明建设路径探索。

本章运用生态语言学的生态话语分析理论和认知隐喻分析理论,在中国语境下研究适合我国社会主义生态文明体系的话语表达,从语法结构、隐喻表达和词语使用等方面,总结生态话语构建的原则与方法,为完善新时代社会主义生态文明话语体系提供一定的参考。

第一节　生态话语分析的意义、方法与目标

一、生态话语分析的意义

(一)有利于培养生态思维

生态话语分析是生态语言学研究的重要路径,凸显了语言使用在解决生态问题中的重要性。生态话语分析主要研究语言与人类、其他生物及自然环境之间的关系,旨在揭示语言对生态环境产生的积极和消极作用,以此解决生态问题,促进生态系统良性发展。

生态语言学认为,语言处于人类社会中,同时也处于社会所在的更大的生态环境中,与自然生态中所有的动物、植物、土壤、海洋等自然要素紧密相关,语言与生态系统是相互影响、相互塑造的。生态话语分析可以帮助人们深入了解语言在人类与自然界其他生命体、非生命体之间的相互作用,尝试如何通过语言的选择来解释、调节、维持和改善所处社会环境和生态环境中的各种关系。这种研究可以帮助人们了解生态系统被破坏的深层原因,增加生态相关知识与体验,引导人们增强生态意识、培养生态思维。

(二)有利于完善生态文化体系

生态话语分析旨在发现语言与生态的密切关系和相互作用,其研究范围就自然涵盖"人与自然"关系的话语类型,为环境保护、语言规划等提供了新的研究视角;生态话语分析研究对象还涉及"人与社会"关系类话语,为不同地域的国际关系研究提供了新的研究范式。

在我国社会主义生态文明建设中,主流话语体系的生态相关语篇都是典型的生态有益性文本,在生态文明建设中发挥着思想引导的重要作用,体现出"和谐"生态哲学观和积极的生态取向,已经在生态教育、民众生态素养提升方面取得了显著成效,充分验证了生态语言学中"语言是干预社会和政治的手段"①的观点,对完善社会主义生态哲学和生态话语构建具有积极影响。因而,对其进行生态话语分析、总结其生态语言表征,为构建生态话语提供依据,有利于加快构建社会主义生态文化体系,为我国生态文明建设和绿色可持续发展提供一定参考。

二、生态话语分析的方法

(一)生态话语分析研究范式

生态话语分析又称语篇分析,是语言学常用方法,也在传播学、人工智能等其他学科领域广泛应用。

生态语言学研究两大经典范式奠定了语言与生态研究的基础。豪根的隐喻范式将语言与言语社会的关系隐喻为生物与自然环境之间的关系,聚焦社会环境对语言的影响;韩礼德采用非隐喻范式,通过话语分析研究语言如何影响生态环境,揭示文本隐藏的社会目的和非生态因素;斯提布在非隐喻范式的基础上,将语言学、社会学与哲学等不同学科结合起来,综合分析和探讨话语的生态属性,关注语言与人类、语言与自然界其他生物以及自然环境之间的关系,通过对不同类型语篇的分析,探究语言对环境的积极和消极作用。斯提布从生态中心主义视角考察人在与生态场所诸因素互动中所发挥的作用,根据分析者的生态哲学观将话语分为三类:阻碍生态保护的破

---

① Halliday M A K. The Collected Works of M. A. K. Halliday[M]. London:Continuum/Beijing:Peking University Press,2003/2007:271-292.

坏性话语,部分促进生态保护的中性话语,促进生态环境保护的有益性话语。①

斯提布生态话语分析的目的是保护生态平衡、维系生命的可持续性,他倡导使用生态有益性话语,抵制生态破坏性话语,主张改善生态模糊性或中性话语,力求从语言改造的角度为解决生态问题提供新的方法。这一研究范式逐渐成为当前研究的主流,国外研究涉及环境、旅游、广告宣传等多种话语,国内研究则拓展了生态话语研究模式,提出适合中国语境的和谐话语分析和儒学范式,也涉及新闻、文学作品、广告等不同文本,但鲜有对政治语篇的分析。

(二)系统功能语言学及物性理论

近年来的生态话语分析倾向于运用及物性系统理论展开研究,系统功能语言学为生态话语分析提供了充分的理论依据和专业手段。

韩礼德认为,人类借助语言描述人类活动和自然界的各种事件,表征现实世界的各种经验,主要由小句的及物性系统实现,体现为动作、心理、关系、行为、交流、存在等六种过程,对其分析能够呈现话语构建特征。在此基础上,何伟、魏榕根据生态性差异把参与者角色细分为生命体参与者和非生命体参与者,前者包括人类生命体(个体、群体)、非人类生命体,后者包括非生命体物理性参与者、非生命体社会性参与者。②

在对政治语篇的分析中,我们可以从个体参与者(话语主体)与群体参与者(受众)的生态属性入手,关注话语主题、生态词汇和小句语义的伦理性,重点从心理过程、动作过程、关系过程等过程类型分析参与者对生态系

---

① Stibbe A. An ecolinguistic approach to critical discourse studies[J]. Critical Discourse Studies,2014(1):117-128.

② 何伟,魏榕.国际生态话语之及物性分析模式构建[J].现代外语,2017(5):597-607,729.

统的积极情感、同化认知和趋向意动以及由此产生的生态有益性、中性和破坏性行为,分析生态话语的功能性和交际效果,由此阐释此类生态论述在我国生态文明建设中发挥的引领作用和生态伦理教育作用,进而提出构建社会生态话语的建议。

三、生态话语分析的目标

(一)研究思路

通过生态话语分析可以发现语言对生态的积极作用,进而完成特定语境下的生态话语体系构建。

在我国生态文明建设进程中,语言也可以作为传播生态文明理念的重要工具,不断推进建设进程,因此,可以拓展生态治理的语言研究路径。新时代社会主义生态文明建设大力倡导"人与自然和谐共生"的生态理念,着力进行和谐社会构建,这与生态语言学观点不谋而合,可以实现跨界共通,有助于解决和谐社会中的各类自然生态和语言文化生态问题,生态语言学领域的本土化研究成果有利于在全社会培养生态意识、营造生态话语氛围,合力解决生态问题,也能够反过来推动生态文明建设进程。作为语言研究者和生态文明建设的主体,我们认为,当前践行"社会责任"的首要一步就是拓展生态话语文本类型,选择能够体现中国国情和生态治理中国方案的典型文本进行话语分析,使人们充分认识语言对自然生态的影响,并总结适合我国生态国情的生态话语表达及构建原则,从而引导全社会构建更多的生态话语,形成生态意识形态。当生态话语在社会话语体系中占据主流时,其就能极大影响个人改造自然的行为,促使每个人都为营造和谐的人与自然的关系贡献一份力量。

(二)语料选择

斯提布明确指出,生态语言学要寻找传达积极意义、鼓励人们保护生态系统的意识形态的新话语,这就是有益性话语。有益性话语有利于人们保护生态,有利于实现可持续发展。① 从生态视角看,所有话语都能够反映人们的所作所为、所思所想,也能够体现人们对自然、环境、生态、他人和自然界其他事物的认知、态度与行为。因此,任何类型的话语都可以进行生态话语分析,政治话语也应该作为生态话语分析的对象。

我国社会主义生态文明建设理论基础上形成的政治话语和主流媒体中的新闻话语,都是典型的生态有益性文本,可以作为代表性语料进行生态话语分析。我们可以从生态语言学视角,在中国语境下考察这些政治语篇和新闻语篇,从词语、小句、语篇的层面总结其生态表征,对其中的认知隐喻表达式进行生态取向的分析,以概括"和谐"生态哲学观对构建生态话语的积极作用;可以从培养生态意识、生态伦理、生态人等角度总结这些生态有益性话语传达的生态信息,考察其在推进生态文明建设进程中的关键作用,以此总结生态话语构建的原则与方法,突出中国情境下解决生态问题的语言学路径的可行性与重要价值,也为促进生态语言学本土化发展提供参考。

(三)分析目标

1.总结生态哲学观在构建生态话语中的决定作用

科学的生态哲学观在培养生态意识、构建生态话语和激发生态行为等方面都具有十分积极的作用。通过对文本中生态语言表征的分析总结,可以概括其中体现的生态哲学观内涵、生态认知,发现生态哲学观在话语构建

---

① Stibbe A, Ecolinguistics: Language, Ecology and the Stories We Live by[M]. London: Routledge, 2015: 35.

中的决定作用,以此引导人们认识语言对环境的积极和消极影响,发挥生态有益性话语在改善生态环境方面的重要作用。

2.构建生态话语,培养生态意识

在分析话语构建特征、对话语表征及其生态取向加以总结的基础上,以系统功能语言学和生态话语分析方法为参考,从语言层面考察文本的生态特征,重点考察语篇背景、进行语境分析,揭示话语的语言使用特征、潜在意识形态及话语产生的积极生态影响。同时,通过概括中国语境下生态论述的话语特征,引发社会对生态语言表达的广泛关注,以重塑人们的生态理念、培养生态意识、更新语言结构。

3.指导生态行为,实施生态语言实践

通过生态话语分析总结中国语境下政治话语的生态属性,突出其方法的可行性、普适性;进而由政治话语推及大众话语,对保护生态环境的各类语言载体提出生态话语构建的建议,通过话语的生态化指导人们的生态行为,促使更多人形成科学的生态哲学观,塑造更多的"生态人",这样就能在全社会推动使用生态话语、实施生态行为,构建人与自然和谐共生的和谐社会,最终促进生态系统的平衡。

第二节　中国语境下的生态话语分析

一、生态话语分析中的"和谐"生态哲学观

要解决生态问题,培养生态思维方式尤为关键,而生态哲学观就是一种生态型思维方式,是一套为了追求生态和谐与生态平衡的系统性、个人化的哲学观点,也是判断语言系统和话语的生态性的指导思想。① 生态哲学观会影响我们的话语,对构建生态话语、指导生态行为有决定性作用,因此,在生态话语分析和生态话语构建中,都要首先明确分析者和话语主体的生态哲学观,重视其对语言实践的关键作用。

在中国语境下的生态相关话语中,"和谐"生态哲学观的语言表征十分鲜明,并且已经在我国生态文明建设中发挥了重要作用。先秦时期,"天人合一"等生态哲学就已经形成并在社会上产生巨大影响,人们由此形成了对自然的朴素情感和人与自然和谐的生态认知。党的十八大以来,我国十分重视生态文明建设,在传统生态哲学的基础上,融合马克思主义生态观,最终形成"生态兴则文明兴""人与自然和谐共生""山水林田湖是生命共同体"等一系列新理念、新观点,其核心和目标均为"和谐"。这些新理念、新观点引领着我国生态文明建设走向深入,也在全社会进行着生态伦理教育。"和谐"即"生态",这一科学理念已经深入人心。

中国语境下生态话语分析的目的,就是要通过生态语言表征的分析,使

---

① Naess A. The shallow and the long range, deep ecology movement[G]//Drengson A, Inoue Y. The Deep Ecology Movement: An Introductory Anthology. Berkeley: North Atlantic Books, 1995:8.

"和谐"生态哲学观在我国社会中拥有最广泛的主体和作用范围,使其成为构建和谐社会的重要思想基础,在增强民众的生态意识、激发民众在可持续发展中的能动性方面发挥应有作用。

二、"和谐"生态哲学观的内涵

生态话语分析中,对生态哲学观内涵的理解影响到我们对话语的解释和构建,因此,要首先对"和谐"生态哲学观的内涵加以阐释。"和谐"是我国传统文化的重要理念,我国社会主义生态文明建设和可持续社会构建中也始终秉承"和谐"理念,形成融科学自然观、可持续发展观和国际生态观于一体的生态话语体系,体现了系统生态思维和丰富的哲学内涵,有其重要的理论与实践意义。可以从以下几方面加以理解。

(一)"以人为本"、实现人与自然和谐共生的科学自然观

这一科学自然观根植于中国传统生态伦理,传统儒、释、道等流派的文化中有丰富的生态智慧和生态伦理内容,都强调质朴睿智的自然观和传统生态伦理的价值。同时,党的十八大以来,我国更加重视生态文明建设的思想理论体系构建,融合马克思列宁主义、毛泽东思想、邓小平理论、"三个代表"重要思想、科学发展观等经典精髓,汲取中外智慧形成科学的生态认知,为中国语境下形成科学、和谐的生态哲学观提供了坚实的思想基础和科学保障,在不断反思人类历史的基础上明确指出"人因自然而生,人与自然是一种共生关系;人类必须尊重自然和自然规律,科学、可持续地开发和利用自然,而不是一味向自然索取",由此形成对人与自然关系科学认知的立场和态度,着力实现人与生态系统中其他要素之间的和谐共处。从生态语言学角度看,这些观念已经外化为"天人合一""人与自然是生命共同体""尊重自然、顺应自然、保护自然"等语言表征,以科学认识人的自然属性、社会

属性为前提,在科学自然观和人类价值观基础上思考"和谐"的出路,强调"以人为本",从时间维度上突出人类作为生态主体在生态可持续发展中的主观能动性,从而实现从精神自觉到行动自觉,积极推动生态文明建设进程。

这类科学自然观、世界观、价值观和思维方式等,持续影响着我国社会主义生态文明建设中的生态表达和文本构建,经主流媒体广泛宣传后进入社会话语体系,在引导人们形成生态意识和生态思维方式方面更见成效。

(二)发展与保护并重、坚持"绿色发展"之路的可持续发展观

"人与自然和谐共生"的生态理念是对中国传统生态哲学和马克思主义科学自然观的继承和发扬,充分体现了我国社会现状和生态国情。现阶段的中国,必须坚持走发展与保护并重的"绿色发展"之路。"绿色发展"理念以"和谐"生态哲学观为指导,力求平衡经济发展与生态保护的关系,探索中国特色社会主义生态文明建设的基本出路。在我国现阶段,发展经济仍是提高民生水平、建设美丽中国的必要条件,要从根本上转变人与自然"二元对立"、人类必然征服自然的传统认知,实现经济发展与保护生态并进、提高民生水平与建设美丽中国并进的发展目标。

(三)倡导"共同体"理念、构建全球良性生态系统的国际生态观

生态保护问题已经成为21世纪的核心议题,世界各国都在积极探讨解决生态危机的有效方略。我国现阶段的社会主义形态,与西方发达国家发展的条件和环境有很大的差异,与西方生态哲学也有巨大差异。我国社会主义生态文明建设中,要对这些现实问题进行深入思考,以可持续的眼光看待自然生态系统和社会文化系统,在"和谐"生态哲学观下积极探索生态治理的中国方案,同时将"和谐"理念延伸到全球性生态保护中。比如针对全球生态治理提出的"人类命运共同体"理念,就凸显了"和谐"生态哲学观的

普适性,充分验证了它的重要价值。

"共同体"理念从生态主体的空间维度出发,强调人与自然界诸要素的和谐关系和国际生态系统中各国间的良好关系,体现出我国积极参与全球生态治理的开放视野和独到眼光,显示出生态保护科学伦理、治理策略和全球视野。其中,"命运共同体"是"天人合一""以人为本"价值观念的深化,以人与自然的和谐关系为目标,强调人类对生态环境保护的道德责任;"山水林田湖草"是"生命共同体",明确了生态治理的系统思维和行之有效的实践路径;"人类命运共同体"则从更广的时间、空间维度,着重强调人类群体利益,指出生态治理是全球的共同课题,以"和而不同"的合作理念明确各国的生态责任,有力推进了国际良性生态系统的形成。

行为受意识支配,生态哲学观属于意识范畴,必然对生态建设主体的生态行为产生影响。我国生态文明建设在"和谐"生态哲学观基础上构建的一系列方针、政策等语言表达,都体现出对自然的科学认知,会在主流媒体宣传中得以聚焦与强化,成为增强、重塑和凝聚生态型意识形态的重要载体,对话语主体意识形态的引领作用不言而喻,在推动全社会形成科学的生态哲学观、生态价值观和生态思维方式等方面也起到了关键作用,必须予以重视并加强研究。

三、"和谐"生态哲学观的语言表征

我们可以从生态语言学视角,对主流话语体系中的政治文本或新闻语篇进行生态话语分析,重点从词汇和语篇层面考察其生态功能取向,通过阐释语言的潜在意义系统挖掘其中蕴含的生态意识,总结我国社会中"和谐"生态哲学观的语言表征,识解话语主体的科学生态哲学观与生态话语构建的联系;通过分析词语、小句,概括中国生态建设特色和社会生态思想的演进及其对生态保护的积极影响,揭示话语的生态取向与教育意义,最终提出有利于生态系统良性循环和可持续发展的生态话语构建原则和建议。具体可以从以下方面着手考察。

(一)"人与自然和谐共生"的科学自然观的语言表征

生态语言学研究指出,现存生态问题的重要原因之一为人类生态归属感的缺失。人类只有重新认识自身在生态系统中所处的位置并对该场所进行良性认识,才能与其他生命体和谐共存。[①] 因此,我们可以考察人们关注生态、反思历史的话语,分析能够体现人与自然合一性的生态话语,从动作过程、心理过程和关系过程等方面对其进行生态话语分析,以此来科学定位人类在生态系统中的位置,批评其中的非生态因素,倡导生态有益性活动。

1. 对反思人类与生态关系的话语进行心理过程和动作过程分析

动作过程描述相关参与者动作性活动,包括有益性、中性和破坏性三种;心理过程描述参与者通过情感、意愿、感知和认知来实现对其他参与者的爱憎、赞同或反对、相信或怀疑等心理互动。[②] 在此类生态语篇中,往往以破坏性动作过程表征已有的生态危机,采用"施事—人类生命群体参与者+破坏性动作过程+受事—非生命体物理性参与者(自然资源和生态环境)"的语义结构,批评其中人类作为"施事"随意处置自然的行为,进而指出人类实施破坏性活动最终也会受到自然惩罚的事实。

此类话语中也常会使用心理过程引发人们对生态破坏的反思、批判,表明话语主体的爱憎等情感,比如常采用"感知者/认知者—人类生命群体参与者+心理过程(反思、惋惜、悲悯、愤慨、批判)—感知对象(错误思想)/现象(生态破坏性行为)"的语义结构,呈现出反思人类破坏自然带来的"惨痛

---

① 何伟,张瑞杰.生态话语分析模式构建[J].中国外语,2017(5):56-64.

② 何伟,魏榕.国际生态话语之及物性分析模式构建[J].现代外语,2017(5):597-607,729.

教训"引发的忏悔心理,从地区、国家乃至人类文明等多个层面论证工业化进程中片面追求经济发展这一错误认知的严重后果,明确表达话语主体对生态破坏行为的批评态度,揭示话语中的心理过程在引发民众相应的批判性心理过程、培养民众生态良知与生态责任方面的重要功能。

2. 对构建人与自然和谐关系的话语进行关系过程和动作过程分析

关系过程主要描述各个事物或事件的地位,说明什么是什么,像什么,在哪儿,拥有什么,与什么相关,等等。① 我国主流媒体的生态文本中常有文明与生态的关系、天地人三者关系的表达,都属于识别性关系过程,通常采用"载体—人类生命群体参与者、非生命体(自然)+关系过程(是)+属性(共生关系)"的语义结构,明确指出"人类中心""自我取向"等错误观念的危害,纠正人在生态系统中的错误定位,强调人与生态系统中其他非人类生命体和非生命体之间是不可分割的"共生"关系。

此类话语中往往还包含大量倡导敬畏生命、保护自然的生态有益性活动的动作过程,常以"施事—人类群体参与者+动作过程(尊重、顺应、保护、热爱)+受事—非生命体物理性参与者(自然)"的语义结构,传达尊重自然、关爱生命的生态伦理和人文关怀,体现了"和谐"生态哲学观的内在要求和实践需要——要同等对待人类与生态场所中其他要素,强调非人类动物和自然资源不是被动的无意识主体可以随意处置,通过语言表征尊重自然规律、合理利用自然要素、维护生命可持续发展的生命关怀,以此构建人与自然"合一"的关系,实现人类科学的生态系统参与者角色重构。此类话语中也常借助动作过程突出"以人为本"的理念,表征人作为城市生态系统核心的权利正当性,即人类可以在遵循自然规律的前提下有限度地利用自然,倡

---

① 何伟,魏榕.国际生态话语之及物性分析模式构建[J].现代外语,2017(5):597-607,729.

导实施循序渐进的生态有益性活动。

近年来,随着人们生态意识逐步提升,主流话语体系中的生态表达也逐渐增多,出现了更多从平等角度对待自然万物的语言表征,都符合中国传统生态智慧、契合优良的民风民俗,极易引起共情,在塑造更多的"生态人"、促进更多的生态保护行为方面,已经发挥了重要作用,并且成效显著。

整体而言,这些生态话语的鲜明生态属性,都指明了言语和行为的生态方向。话语构建以中华民族几千年来的生态经验为引领,激活了人们头脑中"人与自然和谐相处"的传统文化认知图式,使之回顾人类社会的发展和实践历史,充分认识到人与自然不应该是对立关系,而应该相生相长、融为一体。由此可见,生态话语对于民众生态意识的培养具有重要作用,也在指导着自然相关活动。生态哲学观塑造了生态有益性话语,体现了我们对自然做事的方式,在潜移默化中指导着人们改造自然的行为。要达到人与自然的和谐、人与生态系统中其他物种之间的和谐,就应该使个人的言语行为生态化。以多种语言形式表征提醒人们不能对自然肆意掠夺,要保持对自然的敬畏,做到关怀生命、合理利用自然要素、保持生命可持续发展,这样才能有效构建和谐社会、实现生态保护和生态治理。

(二)"绿色发展"的可持续发展观的语言表征

1. 对体现可持续发展理念的话语进行动作过程分析

为实现"和谐",人类应该增强生态意识,还要"知行合一",在生态文明建设中更要积极实施以生态和谐为本的有益性行为。这一观念在话语中多以肯定性动作过程表征,可以采用"施事—群体参与者＋动作过程＋非生命体社会性参与者"的语义结构,表征对生态文明建设和绿色发展的重视,有效提升人们对生态保护的关注度和积极性。话语也同时表明"绿色发展"并非不重视经济增长,而是要摈弃那些片面追求经济效益而破坏自然的行为,学会合理利用自然,重视自然的社会价值和经济价值,使之转化为具备经济价值的可持续资本,明确发展经济与生态保护的辩证统一关系,指出"绿色发展"的具体方法和手段。

2. 对表征绿色发展的话语进行心理过程分析

生态话语催生生态思维、产生生态行为。通过生态有益性话语的动作过程和心理过程分析,可以总结其典型的语言表征,构建更多的生态话语,从而影响人们的生态实践。比如"绿水青山就是金山银山"的生态表达,就通俗形象地阐明了我国社会主义生态文明建设的科学发展理念,对生态环境和经济发展的关系做了重新定位与诠释,促使人们主动寻求绿色发展之路,从而培育了民众的科学发展观和生态哲学观。

从生态语言学角度看,正因为"绿色发展"系列论述具有积极的生态取向,是人与自然关系科学认知和积极心理过程的关键语言表征,才会在现实中不断影响人们的思维、言语和行为,发挥强大的社会生态教育功能。这些典型的生态有益性话语不断影响着人们的生态思维和言语行为,推动生态可持续发展和人与自然和谐共生。

(三)构建"人类命运共同体"的国际合作观的语言表征

1. 对生态建设与人类发展关系类话语进行关系过程分析

我国的生态文明建设始终具备开放眼光,主流话语体系中的生态表达也将人类群体参与者概念在空间维度上加以拓展,凸显了积极参与全球生态治理的开放视野,往往以关系过程表征生态文明建设与人类未来发展的重要关系,一方面指出历史上破坏自然的行为造成的严重后果,另一方面强调当今世界发展中生态保护的重要性,常采用"载体—人类群体参与者+关系过程(关乎)—属性(未来)"等语义结构,指出各国在国际生态治理中应为合作关系而非竞争敌对关系,都有义务承担生态责任,要共同维护地球可持续发展。

2.对表征全球生态治理之路的话语进行动作过程分析

此类生态话语还紧密关注全球生态系统平衡,注意调动各国人民对生态保护的积极情感,以"和而不同"的科学理念,共谋全球生态建设的路径。即以承认各国"不同"为前提,力求生态治理理念和方法的互助互补,使生态文明成为跨时空交流与借鉴的平台,共建人类命运共同体,常以动作过程表征、呼吁世界各国平等合作、群策群力,共同解决生态问题,突出了生态治理的系统思维和维护全球生态安全的强大决心。对其进行分析有助于概括和探索全球生态治理的有效路径。

四、结论与建议

语言具有社会建构特征,在"和谐"生态哲学观基础上构建的生态有益性话语,能够从生态角度引导人们更新世界观、认识论和方法论,实现真正意义上的哲学突破和理论突破。这些生态有益性话语经社会广泛传播,已经在提升生态意识、促进生态保护方面成效显著,在我国社会主义生态文明建设中充分显示了其科学性和普适性,正在有力推动我国的生态文明建设进程。

基于此,我国生态文明建设中的生态话语构建可以从以下方面着手。

(一)更新思想观念

破除人与自然"二元对立"的落后自然观,形成人与自然关系的正确认知,以人与自然和谐关系为目标,明确人类在生态系统中应有的价值,自然万物和人一样是生态系统中的平等主体,不是简单的被利用、被支配的对象,人类应关注它们作为平等主体的独立价值,完善生态伦理认知,实现"以人为本"的生态价值观转变,以建构科学的生态哲学观。

(二)明确生态取向

要选择具有生态正向性的词语和结构,比如综合运用多种及物性过程传递对自然的积极情感和趋向意动,进行积极的参与者角色构建;多使用生动的隐喻、意象、俗语、典故等表达,创造具体形象、富有感染力的社会话语,培养人们的生态意识和生态素养,激发其生态责任,以生态伦理衡量和改善个人生态行为,在科学的生态哲学观指导下实施生态有益性活动。

第三节　中国语境下的生态隐喻分析

　　语言中的隐喻体现人们对自然的认知,在很大程度上影响着人们的认知结构和对自然的行为,隐喻语言的话语构建功能也因而成为生态语言学关注的焦点,是从语言学角度解决生态问题的重要切入点。著名认知语言学家莱考夫指出,隐喻语言是思维的载体,在公共话语空间担任认知方式的表达媒介,形成无限微妙的物质现实、经济基础和客观世界的相互作用。①因此,社会公共话语中的隐喻值得关注,其中的生态隐喻(指以生态环境要素为本体的隐喻)能够体现人们的生态思维和认知,对其进行研究能够揭示生态话语构建的内在机制,提供一定的学理参考。

　　由此,本节在生态语言学视域下,重点探究社会话语中的隐喻构建原则,识解其与生态环境互动的工作机制。大量研究表明,公共话语空间中的隐喻表意系统受话语目的、认知因素和社会文化系统的多向驱动,因而考察隐喻需要从社会文化背景、话语目的等多方面进行。本节即在我国社会主义生态文明建设的背景下,从关注主流话语体系中大量存在的生态有益性文本中的生态隐喻入手,总结其在公共话语空间中发挥的媒介作用,概括出生态隐喻分析的方法与原则,引导人们充分认识生态隐喻在传递生态意识方面的重要作用,由此重视生态话语构建;同时,剖析这些生态隐喻在社会话语中表意的系统性和对生态环境发生作用的机制,使人们充分重视生态

---

　　① Lakoff G. Don't Think of an Elephant! Know Your Values and Frame the Debate:The Essential Guide for Progressives[M]. Vermont:Chelsea Green Publishing, 2004:1-7.

隐喻在影响主流话语体系、改善生态环境中的积极作用，从而总结中国语境下生态话语构建的方法与实现路径。

一、隐喻生态分析理论基础

目前，生态语言学研究路径和研究取向不尽相同，但拥有统一的理论目标，共同致力于阐发并验证语言生态建构论，即语言影响生态，并且对"生态环境"具有建构作用。与生态语言学隐喻范式和非隐喻范式研究成果相比，目前认知范式研究仍然较少，从解决生态问题的目标来看，语言对生态环境的建构作用仍会受到充分重视，生态话语的建构研究仍有很大空间。其中，生态隐喻构建是生态话语构建的重要手段，可以通过隐喻生态分析剖析其对自然生态的作用，探索积极生态隐喻构建的方法，创造更多的生态话语，最终达到改善生态环境的目的。

（一）"语言—认知—生态环境"三元互动论

认知语言学认为，语言是认知的反映，同时又对认知有反作用。同样地，现实是认知的客体，对认知有决定作用，而认知形成的概念系统又能显著地影响人们的行为，从而改变生态现实。因此，以认知为中介，语言、现实与认知之间形成三元互动关系，其中现实包括社会文化环境、物理环境或生态环境，由此可以推导出"语言—认知—生态环境"三者之间形成互动。语言既能反映人类对生态环境的认知，其语法、概念、隐喻等又极大地左右着人类思维，进而影响人类改造自然的实践行为。生态语言学就是要研究语言要素作用于人们认知进而影响生态环境的工作机制，力图以技术手段之外的语言学手段探索一条解决生态危机的全新路径，达到生态平衡的目的。

(二)隐喻具有两面性与多样性

首先,隐喻表达对语言生态影响具有两面性。如前所述,以生态环境要素为本体的隐喻是生态语言学认知范式研究关注的焦点。作为认知世界的手段和结果,隐喻必然体现人类对自身与环境之间关系的认知,由于人类认知能力的局限,隐喻通常只是对概念某一方面的认知,必然带有一定的片面性。因此,隐喻既是人类赖以生存的手段,决定人类的言语表达,也会因片面或错误的认知给生态环境和人类生存带来威胁甚至灾难。例如,西方盛行的"自然是母亲"隐喻,因"母亲"形象自身隐含的善良、柔弱、隐忍、包容等特征,容易导致人们一味向自然索取而不顾后果的行为倾向。韩礼德也指出,"增长主义"等隐喻表达会导致片面追求经济发展而忽视生态环境保护的思维方式和认知结果,从而造成生态危机。

其次,隐喻构建又具有多样性。在真实语境中,对于同一话题的隐喻构建具有多种可能性,因而,隐喻又具有多样性,这就为有效避免隐喻的消极作用提供了可能。从语言学角度看,鼓励人们使用对环境有益的积极隐喻,能够更好地实现生态系统的健康发展,在力求保持隐喻的多样性基础上,构建更多的对生态有积极作用的隐喻以供选择。莱考夫说:"如果某一物种想要在多种环境中生存,就必须保持其基因库的多样性。"①反映人们对自然认知、体现人与自然关系的隐喻认知拥有多种形式;同理,人类要达到与生态环境的和谐共生,也必须保持隐喻的多样性,才不至于陷入不利于自身生存的僵化思维,形成不利于生态保护的错误认知。

已有的生态语言学研究已经充分证明了语言多样性与生物多样性之间的对应关系,其中最有代表性的理论是"生物文化多样说",又称"语言—生

---

① Lakoff G. Women,Fire,and Dangerous Things[M]. Chicago:University of Chicago Press,1987:337.

物共演说"。该理论认为,语言多样性与生物多样性紧密相关、相互支持,甚至可能共同演化。因此,在全球范围内保持语言多样性就有可能防止生物多样性损失,能够为维持地球健康和生存提供机会。① 而维护语言多样性的手段,除有效保护目前所有现存语言外,还包括丰富每一种现存语言的表达,也包括构建多样性的生态隐喻。这对于维护语言生态平衡和自然生态平衡同样是非常有效的手段。

因此,语言研究者的任务是要从保护生态的角度,倡导摒弃对环境不利的消极隐喻,鼓励构建对生态环境有益的隐喻,从而达到构建生态话语的目标。

二、隐喻生态分析的作用

隐喻生态分析能够揭示对生态环境产生消极影响的隐喻工作机制,明确语言因素在生态危机中扮演的角色及作用,提醒人们关注语言中有悖于生态伦理的隐喻,同时可以明确生态隐喻对生态环境良性互动的激励,为我们构建更多的生态隐喻提供依据,以更有效地发挥语言对生态环境的积极作用。

(一)有助于更新认知结构,避免思维僵化

隐喻可以将大多数抽象事物和主观经验概念化,因此,人脑中的"认知结构"往往体现为语言中的隐喻等形式。隐喻表达可能对生态环境产生积极或消极影响,比如"自然界—财富"等隐喻体现了人们可以肆意掠夺自然的基本认知,诱发相应的掠夺资源的行为。隐喻思维一旦产生便极易固

---

① 朱长河.认知生态语言学:体验哲学视野下的语言研究新范式[J].外国语文,2015(5):59-64.

化,并会影响到一系列隐喻表达形式,在社会文化中得以迅速传播并获得广泛认同,同时能够影响人们的言语行为的生态取向,从而对人们赖以生存的生态系统产生巨大影响。非生态隐喻甚至会对人类生存形成巨大威胁。

因此,生态语言学隐喻生态分析能够帮助人们充分认识隐喻的本质,发现其对生态话语构建的作用,从而主动构建和选择对生态有益的积极隐喻,以有效避免少数隐喻思维固化占据人们认知的情况;同时,积极地、有意识地构建对保护生态有益的新型隐喻,能够激活生态认知图式、避免思维僵化,对社会语言和生态有关行为产生积极影响。

(二)有助于形成生态意识形态,实现社会可持续发展

在生态文明建设和社会可持续发展中,必须充分重视人的生态意识。经济的高速发展带来了较严重的生态危机,建立人与自然的和谐关系、追求更具包容性的社会生态尤为紧迫。生态语言学隐喻分析能够帮助人们认识到语言对生态环境的作用,积极创新使用生态隐喻,并使其融入语言系统,成为能够被人们普遍接受的概念隐喻和认知结构,这就能够有效培养生态意识和可持续发展理念、从根本上推动保护生态的行为。

因此,要充分考虑语言所处的社会环境和生态环境,通过分析社会话语中的生态隐喻,剖析生态相关概念和认知结构的工作机制和生态取向,以展现这些隐喻思维模式对生态环境健康发展的利与弊,帮助人们认识到语言中的隐喻在培养人们生态意识方面的作用,力求保持并维护隐喻的多样性,进而充分调动人们选择积极隐喻的主动性,引导人们在生态实践中有意识地创造积极隐喻、构建更多的生态话语,力求使语言与生态产生良性互动,使语言使用与自然生态的关系更加和谐,从而探索出一条解决生态问题的语言学路径。

三、我国社会主义生态文明建设中的生态隐喻分析

（一）生态隐喻在国家生态建设中发挥实效

1.积极选择生态隐喻推动生产生活实践

目前,全球性生态危机突出,从语言学角度构建生态话语、以生态话语促进实施生态行为,成为解决生态问题的可行路径之一。在我国,发展经济仍是社会主义现代化建设的迫切需求,如何做到发展经济与保护生态并重是亟待解决的问题。党的十八大以来,我国已经在生态建设领域做出诸多有益尝试,如"绿水青山就是金山银山"理念,就以隐喻表达明确指出经济发展与生态保护之间的辩证统一关系,为解决生态问题提供了实践路径和指导原则,成为国家生态规划顶层设计的重要内容,在生态治理实践中已经发挥了显著的积极作用。"绿水青山就是金山银山"系列隐喻也成为人们熟知的认知结构和普遍接受的概念,促使人们以生态思维看待人与自然的关系,理解发展经济与保护生态并行的理念。其不仅在生态环境保护中发挥着重要作用,也为我们构建更多隐喻和生态话语提供了范本。此外,"绿色发展"、社会主义生态文明建设"道路"隐喻、生态治理的"疾病"等系列隐喻,都有力推进了我国生态文明建设。

2."和谐"生态哲学观影响生态隐喻构建

隐喻构建需要充分考虑话语目的、社会历史文化等现实因素。在我国,"和谐"生态哲学观在社会上拥有广泛的认知基础,在"和谐"的生态价值观与系统思维指导下,有意识地选择使用生态隐喻构建生态话语,可以增强抽象生态概念的具象性和体验性,传达生态政策和生态理念;同时,通过隐喻认知调动人们的生态知识与经验,能够产生明显的生态教育作用。

(二)隐喻表达的作用机制

因此,整理中国语境下生态有益性文本中的隐喻表达、对其进行生态隐喻分析,可以分别从宏观、中观和微观层面的隐喻叙事、隐喻情节、系统隐喻等入手,剖析主流话语体系中构建生态隐喻的表意系统特征,揭示生态隐喻在生态话语构建中的作用及实现路径,倡导人们积极使用生态隐喻、构建生态话语。

通过分析可以发现,中国语境下的各类生态隐喻,对构建生态话语、影响人们的生态认知、形成科学生态哲学观等都产生了显著的积极作用,同样也可以用来指导其他语境下的生态话语构建。

1.塑造积极形象

我国生态文明建设中常见的"绿色"隐喻、"共同体"隐喻等,有力塑造了生态文明建设主体积极奋进的具体形象,对民众建构科学的生态哲学观、形成绿色生产方式和生活方式作用明显,引导他们树立主人翁意识、增强责任感、形成科学的生态思维,从而积极选择生态有益性言语和行为。

2.坚定建设信念

主流话语体系中的生态隐喻,还帮助人们清醒地认识到当前我国社会主义生态文明建设所处的阶段、取得的成就和面临的困难,构建了相关的生态认知。借助这些生态隐喻,引导人们充分认识生态文明建设的重要性,也充分认识到生态文明建设道路的艰巨性,必须坚持正确的方向,坚定不移地进行生态保护、实现绿色发展。

3.强化主体责任

中国语境下的生态隐喻建立在我国传统生态智慧和社会主义生态文明建设新理念的基础上,利用人们熟悉的生活体验构建生态认知,使人们对抽象的生态文明建设理念和绿色发展方式等形成具体印象,并构建起生动形象的生态认知框架,强化主体性和责任感,更加自觉地参与到社会主义生态文明建设中来。

4.形成生态理念

主流话语体系中常见的"绿色发展"的生态隐喻叙事,在潜移默化中让人们形成普遍的"绿色"生态思维方式和认知方式,并在我国生态文明建设中贯彻实施。对"绿色"隐喻叙事进行历时考察,还可以发现其强大的生态教育功能;"绿色"隐喻表意系统在生态建设实践中也充分发挥了指导作用,生态绿色经济带来的巨大经济效益更强化了人们的生态认知,已经从社会经济发展的角度有力推动了人们的生态意识和生态思维形成。

综上所述,目前主流话语体系中出现的诸多生态隐喻,都集中体现了我国社会主义生态文明建设的生态发展观、基本生态观、情感观、安全观、治理观、系统观等。将生态话语文本中的隐喻作为一个考察的窗口,能够发现其中蕴含的生态思维和系统思维,也能让我们充分认识到生态隐喻对生态文明建设的重要意义与现实价值。

第四节　生态话语构建的价值与原则

一、生态话语构建的价值

当今全球生态危机加剧,迫使人们重新审视生态与多种因素的联系,寻找造成生态危机的深层社会文化原因。韩礼德指出,生态问题的解决"不仅属于生物学家和物理学家,也属于应用语言学家"①。

语言不是被动地反映现实,语言也建构现实。语言对我们的生活实践和生态行为起决定作用。从生态语言学角度看,语言系统是生态系统的重要组成部分,语言与生态之间存在互动关系,语言对环境的作用具有两面性——既能使人在"自然是可征服的事物"这一错误认知的驱动下实施破坏性行为,也能教育人们关爱和保护赖以生存的生态系统。因此,可以通过构建生态有益性话语来改善环境。

(一)加快形成我国生态文化话语体系

在我国社会主义生态文明建设进程中,生态文化已经作为社会主流文化形态,在社会生活中施加影响。我国进行社会主义生态文明建设、形成优秀的中国特色社会主义生态文化,是关系人民福祉和民族未来的长远大计,是实现"两个一百年"奋斗目标、建成"美丽中国"和人与自然和谐发展的现代化新格局的必然要求,构建生态文化话语体系则是继承和发扬优秀传统

---

① Halliday M A K. New ways of meaning: The challenge to applied linguistics[J]. Journal of Applied Linguistics, 1990(6): 7-16.

文化和生态文化的必要手段。

党的十八大以来,我国生态文化话语体系逐渐形成,已经逐渐发展成为社会主流话语体系的重要组成部分。2015 年 4 月 25 日,中共中央、国务院《关于加快推进生态文明建设的意见》进一步提出"坚持把生态文化作为重要支撑。把生态文明纳入社会主义核心价值体系";党的十九大再次强调"坚持人与自然和谐共生"的可持续发展理念,将生态文化的价值理念作为我国社会主义生态文化体系建设的核心内容,并导入社会主流话语体系。

(二)充分发挥生态思想教育的积极作用

语言是政治手段,积极的生态话语也会在社会中发挥教育引导作用。生态文化作为意识形态渗透于广泛的社会生活中,经由主流媒体宣传号召、国家政策理论解读、政府决策传达而不断扩大影响范围,具备在社会生态生活中的解释力、规范力和引导力,不断影响着社会文化,影响着人们的生态思维,影响着人们的生态价值取向、生态伦理观念和生态行为选择,使其不断构建更多元的生态话语。

二、生态话语构建的原则

从宏观层面而言,政府、主流媒体等对社会话语体系的构建必须拥有强大的理论逻辑和实践逻辑,要有效传达和谐生态观,宣传、教育和引导人们实施生态和谐的言行,在生态实践中做出正确的选择。进入社会层面和社会空间的话语体系应该具备科学理论基础,体现为:①以马克思主义生态思想的基本原理为理论根基。马克思主义哲学中"自然是人的有机身体"的理论,马克思关于人的全面发展的理论等,都可以作为构建社会生态话语的理论基础和内涵阐释,为生态话语构建提供科学依据。②以中华传统文化的生态哲学和理念为历史渊源和文化土壤。从先秦时期诸子百家的自然生态相关论述中,我们可以汲取宝贵的生态思想和营养,"天人合一""人与自然和谐"等生态理念和生态伦理表述,都可以作为构建生态话语的基本材料和文化土壤。③以中国特色社会主义生态文明建设实践总结为经验认知。在党和国家带领下,我国生态文明建设正在稳步前进,取得了一系列重要成果。其日益发展成熟的生态建设实践经验为我们构建社会生态话语提供了力量源泉和宝贵资料。只有将以上三个方面相结合,才能确保社会生态话语的体系化、科学化、大众化和国际化。

(一)以科学的生态哲学观为指导

话语主体的生态哲学观对话语构建具有决定性作用。人与自然和谐的生态理念、人与自然界万物之间关系的科学认知等,都影响到话语主体的生态思维和话语表达。因此,要在日常生活中主动吸收科学的生态思想,积极参与生态保护行动,践行绿色生产方式和生活方式,以获得丰富的生态体验,不断完善科学的生态哲学观,这样才能为构建生态话语提供源源不断的思想动力。

(二)积极运用多种及物性过程构建生态话语

生态话语分析相关研究表明,语言中的及物性系统能够集中体现人类对自然的积极情感、同化认知和趋向意动。话语中多采用心理过程能够让人们产生心理触动,使其对人类的非生态行为加以反思,从思想层面对人与自然的关系形成正确认知;话语中的动作过程能够引导和号召人们践行生态有益性行为,将科学的生态认知转化为有益的生态实践。

(三)创新使用各种生态隐喻构建生态话语

隐喻生态研究表明,在"人与自然和谐"的生态理念下构建各类新型生态隐喻,可以将人们从僵化的传统思维模式中解放出来,形成科学的生态认知。通过构建完整的隐喻叙事、隐喻情节和隐喻表达,形成生态隐喻表意系统,其进入社会话语体系中后会产生巨大的联动效应,对培养人们的生态思维方式、构建社会生态文化体系有重要作用。

(四)使用拟人等非人类视角表达构建生态话语

话语构建要充分重视自然界各要素,采用非人类视角表达,以凸显人与自然界万物的和谐关系。人类作为生态行为主体,是自然界的有机组成部分,与自然界万物一样拥有同等重要的地位。语言表述也不能仅从人类角度考虑,否则很容易将其他非人类要素作为对立面,因此置于人与自然"二元对立"的表达陷阱。在话语构建中注重非人类视角表达,能够促使我们在实际生态语境中,不再以自我为中心看待自然,而是关注其他生命体非生命的正当权益,采用"人物一体"的表达,将自身与"他者"同等对待、和谐统一起来,成为互相依赖、交互共生的整体。

(五)多使用表现生态和谐的正向词语

今后的话语构建中,我们还可以大量使用"和谐""生态""绿色""可持续""文明""美""爱"等生态性话语,以激发人们对生态和谐美好前景的向往,并在生态实践中做出正确选择,从而有力推动保护生态的言语行为,从语言学路径实现生态治理。

在本章中,我们基于语言对生态有积极作用的生态语言学认知,运用生态话语分析方法和生态隐喻分析等方法,勾勒出中国语境下生态话语使用的基本原则,对常用的语言表征进行分析和阐释,引导人们关注生态语言的使用,并力求通过构建生态话语培养生态意识和生态思维,从生态文明话语体系方面推动生态保护与生态治理。这是目前生态危机驱动下解决现实问题的有效路径之一,可以成为未来的一个重要研究方向。

第七章

新时代生态人培养

第一节　生态文明素养提升的重要性

随着工业化进程的加速，人类在全球范围内的影响日益深远。2000 年，诺贝尔化学奖获得者保罗·克鲁岑(Paul J. Crutzen)和美国生物学家尤金·施特默(Eugene F. Stoermer)将人的维度引入地球地质年代划分，提出"人类世"概念。[①] 人类新时代开启，对生态保护提出了新的要求，生态素养相关研究也逐渐发展起来。

在任何国家的生态文明建设中，建设主体自身生态素养及其发展完善都决定了生态文明建设的推进质量，公民的生态素养提升与生态文明建设高度耦合，是生态保护和生态治理中亟待解决的问题。

一、"生态素养"及其研究

提升公民生态素养、培养"生态人"是个渐进过程，需要有科学的培养路径和理论方法、具体手段，亟须展开研究。

---

① Crutzen P J, Stoermer E F. The Anthropocene[J]. Global Change Newsletter, 2000(41):17-18.

(一)"生态素养"概念的提出

"素养"(literacy)一词最早在 19 世纪出现,本指语言读写能力,后来泛指各领域知识与技能。1968 年,"素养"一词被引入生态研究领域,"生态素养"概念开始受到关注。最早进行生态素养理论研究的是美国生态教育家大卫·奥尔(David W. Orr)。1989 年,奥尔指出,人类应通过环境教育来改变生活方式,知识(knowing)、关怀(caring)和实践能力(practical competence)是生态素养的基础。①

(二)生态素养研究成为生态语言学研究领域

生态素养教育是可持续社会构建的战略任务,因此生态素养及生态教育研究成为当下热门的跨学科研究领域。其关注如何学习生态知识、提高生态素养、引导生态行为,并指出话语构建者的生态素养同样体现在语言和行动中。这与生态哲学观相同,都指导着人们的生态行为,从而使生态素养研究与生态语言学研究密切联系起来。在生态素养研究中,生态语言学家斯提布强调,在生态环境不断恶化的今天,可持续发展意义尤重。他提出可持续素养(sustainability literacy)概念,包括生存和发展所必备的技能(skill)、态度(attitudes)、能力(competencies)、倾向(dispositions)和价值观(value)等素养。② 目前,生态素养研究已经发展成为生态语言学的一个维度和重要组成部分,生态素养的提升也成为生态可持续教育的主要目标和任务之一,从而大大拓展了生态语言学研究的应用价值。

---

① 黄国文,哈长辰. 生态素养与生态语言学的关系[J]. 外语教学,2021(1):15-19.
② Stibbe A. The Handbook of Sustainability Literacy:Skill for a Changing World [C]. Dartington:Green Books,2009.

（三）生态素养研究现状

近年来，国外研究集中于生态素养评估方面。研究中不少针对学生和成年人的生态素养评估测评工具被开发出来，用于分析对生态环境知识的认知程度、生态态度和相应行为；针对研究对象生态素养普遍较低的现状，不少学者提出区域性生态素养提升方式，并普遍遵循韩礼德"问题导向"的研究路径，为生态素养教育提供思路，但目前有关具体实施及其成效的研究仍较少。

在我国，生态素养教育研究在多个领域开展。马克思主义研究领域的学者普遍认为公民的环境意识已经成为发展绿色经济、加强绿色环境管理的基础，并对提升公民环境意识的具体路径展开研究；哲学研究者重视生态公民的培养，强调应重点培养其对自然的道德感与责任感；社会治理研究者指出公民主体意识的提升有利于推进环境治理的共享共治，应该从环境治理的目标出发，探讨公民作为环境治理的多元主体之一应该如何革新生态意识、约束生态行为，以实现生态环境的"善治"；语言学家已经将生态素养研究作为生态语言学的重要路径之一，指出应重视生态素养教育。相较于国外，国内相关研究在对象、范围和成果方面仍显不足，生态道德教育的研究仍多关注学生群体，尤其是高校学生的生态教育问题。

生态文明建设需要全社会共同参与，今后要拓展研究范围，明确研究思路，丰富研究方法，积极探索我国社会主义新时代背景下公民生态素养提升的有效途径。

二、生态文明素养提升的重要意义

在我国，生态文明素养提升研究是新时代的新课题，中国语境下生态素养提升与生态文明教育实施路径仍需进一步探索。在这种情况下，怎样让人们从思想上重视生态素养、明确其重要意义，是首先要解决的问题。

（一）人类世时代可持续发展的自然需求

进入人类世时代，人类已经从依赖自然发展成为主导地球进程的重要力量，相应的生态问题也接踵而至。生态文明在此背景下产生，是人类面临生态危机时，反思人与自然关系后形成的以人与自然和谐发展为目标的文明形式。自然是客观存在，人类则是有意识、有思想的行为主体，是生态文明体系得以建立并正常运转的基本前提，公民的生态文化素养也代表着生态建设的水平。要实现人与自然的和谐共生，就必须充分发挥人类的主观能动性，重视人类的自我完善，提高生态素养，这样才能从根本上解决生态问题。因此，生态文明建设与公民生态素养提升具有内在耦合性，两者应该同步进行。

（二）我国生态文明建设的紧迫任务

提升广大人民的生态意识和生态素养是我国社会主义生态文明建设的现实需求和紧迫任务。

党的十八大以来，中共中央提出了一系列生态文明建设的方针政策，随着生态文明建设的稳步推进，建设主体自身的全面发展与完善成为亟待解决的问题。生态文明建设同每个人息息相关。建设美丽中国离不开广大人民的集体参与，每个公民都是生态文明建设的力量来源和核心主体，充分依靠群众是我国生态文明建设顺利推进的制胜法宝；要建设生态文明、走可持续发展道路，转变公民的生态思想观念是前提，要提升全体公民的生态文明观念、提高公民生态道德意识，积极培养具有高水平生态素养的"生态公民"，这样才能真正使生态思想成为行动的先导，使人人都成为生态的实践者和推动者；同时，从长远来看，只有积极培育社会生态文化、培养"生态人"，才符合马克思主义倡导的人类社会发展的终极目标和人的全面发展的要求与规律，得以匹配生态文明建设和生态文明社会的可持续发展进程，从根本上解决生态问题、维护生态系统的平衡。

近年来,尽管我国民众的生态意识已经有显著提升,但长期以来形成的粗放型发展模式已经在人们头脑中根深蒂固,导致节约资源、保护环境、热爱自然的生态意识普遍薄弱,导致民众缺乏明确的生态动机、较少参与生态有益性实践活动,可持续发展意识与实践落实还不到位。因此,如何突破生态意识落后的思想困境成为十分紧迫的任务。

我们要在国家社会主义生态文明建设已经取得的重大成果基础之上,在生态文明建设相关制度的有力保障下,积极探索公民生态素养教育与新时代社会主义建设相结合的新路径,从思想教育入手,引导人们形成科学理性的生态认知,使其在生态知识和道德伦理的双重约束下自律自觉,实施更多的生态有益性实践活动,这样才能从源头上杜绝生态破坏行为,实现人与自然和谐共生的目标。

三、生态素养提升的学理依据

目前国内外的生态素养研究表明,从语言学角度探讨培养公民生态意识和素养的策略已经成为解决生态问题的重要途径之一。黄国文指出,生态语言学领域的生态教育研究分为隐喻和非隐喻两种模式,其中,非隐喻模式研究生态系统的可持续发展和生态伦理道德规范等问题,主张通过生态教育的理念,从思想意识方面转变人对其他物种和整个生态环境的认知。[①]

本章即采用非隐喻模式,从分析我国社会主义生态文明建设的根本遵循、政策方略入手,探讨适合我国国情的生态素养培养路径与生态教育策略。遵循生态语言学“问题导向”的研究路径,挖掘我国生态文明建设的指导思想及理念与生态语言学“生态人”、生态素养等理论的耦合,在总结我国

---

① 黄国文,哈长辰.生态素养与生态语言学的关系[J].外语教学,2021(1):15-19.

生态文明建设已有生态教育成果的基础上，探索培养新时代建设主体的生态知识素养、生态伦理素养、生态情感素养和生态行为素养等方面的有效路径和方法，探讨如何创设有利于生态素养提升的社会环境和文化土壤，以提供中国语境下解决生态问题的语言学方案。

第二节　生态人培养的意义与目标

一、生态人培养的意义

(一)作为生态文明建设主体的"生态人"

"生态人"(ecological man)是能够准确定位个人在生态系统中的地位、生态地把握自己与自然界中其他生态要素之间关系的人。黄国文认为,"生态人"应该敬畏自然、善待环境、懂得感恩、关怀生命,具有强烈的整体意识和思维方式,追求人与自然的共生,也追求人与他人、与自身的和谐,关注的是生态生存、生态创造、生态文明、生态社会、和谐社会,对生态文明充满憧憬,愿意为生态文明贡献自己。①

这种人性设定与我国生态文明建设主体的思维、行事方面的基本要求一致,都追求人与自然和谐共生的目标,两种理论这一共通之处可以互为参考、相互借鉴。同时,在我国,"生态人"还是马克思主义在新时代的人性假设,更能体现社会主义生态文明建设主体对自然的责任感、使命感和可持续性。

(二)"生态人"的价值及意义

在我国,"生态人"既体现了人类世时代生态危机驱动下对人类可持续发展的要求,也体现了我国社会主义生态文明建设中人的全面发展的需求。

---

① 黄国文.外语教学与研究的生态化取向[J].中国外语,2016(5):1,9-13.

1. 生态实践主体全面发展、谋求可持续发展的必然要求

马克思主义的终极价值追求是人的自由而全面的发展；自然是人的无机身体，因而人与自然的关系是研究人的发展的基本视角。① 进入人类世时代，人成为地球发展的主导力量，在满足个人需求和推动社会发展的过程中，"经济至上""增长主义"等观念逐渐统治人们的思想，导致对自然资源的无情掠夺和对自然的肆意改造，人类赖以生存的自然环境遭到破坏。这就对人类提出了新的要求和严峻挑战。只有实现人与自然的和谐共生，才能真正实现人的自由全面发展和人性的解放。

目前制约人类社会发展的是生态危机与社会可持续发展之间的矛盾，而解决问题的关键就在于生态实践主体自身的生态完善。只有人们增强生态意识，勇于完善自我，成为一个能够适应生态社会发展需求、具有生态意识的"生态人"，也即只有从"社会人"转变为"生态人"，生态危机中的根本问题才能得到妥善解决。

2. 我国社会主义新时代与和谐社会构建的现实需求

我国社会主义进入新时代后，社会主要矛盾发生变化，无论是实现中华民族伟大复兴中国梦，还是进行生态文明建设、实现人与自然的和谐相处，都要强化新时代社会实践者、推动者自身的素质，使其外部特征和内在特质都与生态文明社会发展需求相匹配，符合人的全面发展规律。

因此，生态文明社会中的"生态人"，要立足于新的时代背景，自觉担负起对自然的责任感和使命担当，不断进行生态伦理道德与生态行为的自我完善，积极解决我国社会主义新时代的新矛盾、新要求，只有这样才能适应

---

① 陈红，孙雯. 生态人：人的全面发展的当代阐释[J]. 哈尔滨工业大学学报（社会科学版），2019(6)：110-115.

时代发展,成为真正意义上的社会主体;同时,社会的可持续发展也要求人们从根本上改变"经济至上"的落后思想意识,实现由"经济人"到"生态人"的转变,这是我国生态文明建设的必然要求和实践逻辑。

3.加快构建社会主义生态文明体系的必然需求

加快构建社会主义生态文化体系,加强生态文明宣传教育,尽快形成社会文化生态治理格局,是现阶段我国生态文明建设中的紧迫任务,这就对生态文明建设主体生态素养的目标提出了明确要求;通过加强生态教育培养生态文明建设的理想主体"生态人"。"生态人"应以人与自然和谐共生作为其思想与行动的核心理念和共同目标,学习生态知识、增强生态意识,强化对生态保护的责任与使命,不断实现生态道德伦理的自我完善,最终通过实施生态有益性行为体现优良的生态素养。

因此,提升公民生态素养、培养"生态人"是我国生态文明建设的现实需求,需要尽快探索出有效的生态教育路径予以实施。

二、生态人培养的目标

新时代生态人应该是生态性、社会性和主体性的有机统一体。其培养目标如下。

(一)作为自然人

要形成对人与自然关系的正确认知,认识到自己是自然界的有机组成部分,与其他生命体一样具有自然属性,从而做到尊重自然、顺应自然、热爱自然,善待自然万物,充分认识到自然资源的有限性,节约资源、保护环境。

（二）作为社会人

应该认清自己身处的社会主义新时代特征和社会特征，充分认识到我国现阶段的社会主要矛盾，积极投身生态文明建设与和谐社会构建，注重自身素质提高，努力使自己与生态文明社会发展相匹配、相适应，努力调整自身行为，使之符合人的全面发展要求。

（三）作为生态人

应该正确认识个人在生态系统中的地位，充分发挥人类的主体性，正视自己在生态治理中的使命与责任，以人与自然的和谐共生为基本目标和行为准则，强化生态道德伦理，完善生态认知和生态素养，形成科学的生态哲学观、正确的生态观和个人价值观，并以此为指导践行绿色生产方式和生活消费方式，努力发挥好自身在新时代社会主义生态文明建设中的主体作用。

三、我国社会主义生态文明建设主体的特征与属性

"生态人"作为我国新时代社会主义生态文明建设的主体，具有多重科学属性，应该充分体现出"和谐"生态哲学观影响下生态思想的多元思维、系统思维和可持续思维。

（一）利益的整体性

"生态人"应该继承和发扬马克思主义生态史观，充分考虑生态文明的整体性特征，认识到人与自然为同一有机整体，人类社会和人类文明也是一个整体，不应囿于某一时代、某一群体的利益，而要在生态实践中兼顾文明整体中每代人的利益，尤其是考虑到子孙后代的长远利益，处理好人与自然

的关系、人与他者（生命体、非生命体）的关系，引导好民族之间、国家之间对待自然方面的积极态度，实现人类社会的生态可持续发展。

（二）认知的超时空性

首先，"生态人"应该实现时间界限的突破，客观看待代内与代际的生态现实，关注以往各个时代的生态史观，与当今时代人们的生态观念相对比，引导人们形成正确的生态认知。同时，要适应新时代生态可持续发展的需求，以追求"人与自然和谐共生"的目标为己任，明确作为"生态人"在生态可持续发展中的主体责任与使命担当，以生态伦理和道德规范为准则加强自我约束，自觉实施生态行为。

其次，"生态人"应该实现空间维度的拓展，从关注自身转为关注全人类，秉承命运共同体理念客观对待个体与他者，善待共处同一生态系统中的其他生命体；不仅关注身边的生态现实，更将视野拓展至全球生态治理，拥有追求全人类和谐发展的长远目标和广阔胸怀。

（三）生态哲学观的多维性

从生态语言学角度看，每个"生态人"都应该拥有科学的多维生态哲学观，体现为对自然界、对生态系统中其他要素和对待他人三个维度，形成对自然的同化认知和积极情感，善待自然、关爱生命、懂得感恩，追求人与自然的和谐共生。

1. 对自然

以中国传统的"天人合一"理念为指导，以人与自然和谐共生为目标，认识到人和自然是有机整体，人类依赖自然而生存，因而要尊重自然规律，顺应自然发展，适度、高效地利用自然，形成对自然生态的科学认知。

2.对自然界其他事物

认识到人与自然万物具有相同的自然属性,是平等主体,不应该把自己当成万物主宰,肆意发挥人类的主体性,而应怀有同理心,尊重生命、关爱生命、敬畏生命,以公平正义为原则对待其他生命体,拥有与其他生命体休戚与共的生态伦理和生态良知。

3.对人类自身

首先,生态地认知自身属性和在生态系统中的地位,在科学的生态知识指导下自觉约束自身不当言行,积极实施生态有益活动,合理利用自然资源、进行生态保护。

其次,强化生态责任感,关注人类集体利益和可持续发展,放眼全球生态治理大局,秉承"和而不同"的生态治理理念和生态伦理道德,维护生物物种多样性和地球生态系统平衡,为人类命运共同体构建贡献力量。

(四)鲜明的主观能动性

我国社会主义生态文明建设中的"生态人"要以生态文明社会构建为己任,充分发挥主观能动性,不断强化自我完善的内驱力和推动社会可持续发展的需求,要主动接受先进文化思想、接受生态教育,以生态言语和行动推动社会可持续发展。

1.主动学习生态知识

在科学的生态知识素养和生态思维方式下践行"语言就是做事"理论,主动使用各类生态表达方式传播生态知识。

2. 主动实施生态言行

"生态人"应该主动将生态意识转化为生态行为,将精神自觉转化为行动自觉,在个人职业活动和社会活动中生态地思考、理性做事,践行绿色生产方式、生活方式和消费方式,自发实施生态保护性行为,使生态知识、生态伦理、生态意识与言语行为相统一,为构建生态和谐社会贡献力量。

3. 主动进行生态保护

拥有生态保护的长远眼光和忧患意识,变被动治理为主动防护,从生态问题驱动下技术层面的保护与治理,转变为可持续发展理念下的防患于未然,积极探索适合我国国情的生态建设有效路径,并为全球生态治理提供有价值的中国方案。

综上所述,新时代我国生态文明建设的主体应该被称为"生态人"。"生态人"在时代与环境(包括自然环境和社会环境)的双重要求下表现出多重属性。生态人要破除人与自然"二元对立"的传统思维方式,积极追求人的全面发展和全人类的美好生活福祉,在科学生态哲学观指导下,以构建命运共同体为己任,以生态伦理和生态责任约束个人行为,生态地思考、理性做事,以实现人与自然和谐共生的目标。

第三节　生态人培养的内容与策略

我国生态文明建设的主体"生态人"具有社会性、生态性和主体性特征，能够融合中国传统文化中的生态智慧与生态认知，符合新时代生态伦理的基本特征与准则，也与我国生态文明建设的指导思想、建设目标相契合。在我国生态文明建设中，"生态人"的作用已经在实践中得以体现，这与生态文明思想的广泛传播密不可分。从生态语言学角度看，政府层面出台了重要的指导性方针政策，加之各类主流媒体中的相关宣传，在社会上构建了大量生态化语言表征，不断对社会各个群体进行生态教育，帮助人们形成生态认知结构，自觉审视并调整个人生态行为，也为公民自觉构建生态语言、践行生态行为做出了示范，在潜移默化中塑造着"生态人"，提供了生态实践主体培养的中国方案。

"生态素养"可细分为生态知识素养、生态伦理素养、生态情感素养和生态行为素养四类，主要强调人与人、人与社会和人与自然的可持续关系。①我国社会主义生态文明建设在生态教育方面指向明确、路径清晰，对"生态人"的培养可从以下方面着手。

一、积极创设生态文化环境，提升生态知识素养

首先，要实现生态文明生产方式、生活方式、思维方式和价值观念的革命性变革，就要在全社会积极创建优良的生态文化环境和氛围。

---

① 黄国文，赵蕊华.什么是生态语言学[M].上海：上海外语教育出版社，2019：152-153.

（一）从思想根源上改变生态传统认知，构建科学的生态哲学观

生态哲学观能够推动社会的生态化，从而促使人们成为有生态意识的"生态人"；生态哲学观也会影响我们的话语，指导我们的行为。党和国家着力进行的生态文明政策宣传和生态教育，培养了人们的生态意识，引导人们反思人类发展历史，挖掘生态危机的思想根源。

1.反思生态危机原因，摈弃落后生态观念

过去很长一段历史时期，在社会经济高速发展的情况下，人类主体意识空前膨胀，"经济至上"等观念占据人们头脑，一味追求经济发展而不顾生态破坏的行为屡见不鲜。这种错误思想的根源就在于对人与自然的关系认识不清。为此，要反思人类历史上频发的因肆意改造自然造成的文明没落及生态破坏的严重后果，深入剖析造成此类行为的原因在于人与自然"二元对立"的思想本质，由此改变对自然的不科学的看法、立场和态度。"天人合一""以人为本""生命共同体""人类命运共同体"等重要理念，都在生态文明建设中得以传播、不断进行着生态素养教育，引导人们从与自然的对立对抗转变为追求人与自然和谐统一，从而树立科学的自然观、人类价值观和社会生态观。这些先进的生态观念在社会上的广泛传播，为引导人们形成科学的生态哲学观奠定了坚实的思想基础。

2.人类源于自然，与自然是合一关系

中国传统哲学中关于人与自然的论述具有鲜明的生态取向，对于我们培养生态道德伦理影响深远，在今天仍旧具有十分重要的现实意义，值得重视与借鉴。我国生态文明建设中构建的大量生态话语，更是对人与自然关系的发展历程做出科学总结，指出认知经历了人与自然合一、人与自然分离、人与自然对立等不同的历史阶段。现阶段，在全球性生态危机驱动下，

"人与自然和谐共生"已经成为我国生态文明建设的主要目标,这为民众"和谐"生态哲学观的形成奠定了坚实的理论基础,作为我国生态建设实践的主体的"生态人",因而具备了特定时代与社会的显著特征。在追求人与自然的和谐统一的进程中,"生态人"要努力完善自我,不断增强生态文明意识,发挥主观能动性,推动实现自然环境和社会环境的生态统一,以及人、社会、语言文化的统一,共同推进我国和谐社会构建和生态可持续发展。

3.秉承可持续发展理念,谋求和谐相处之道

要实现人与生态系统内其他生物和非生命体和谐相处,就应该充分考虑到自然资源的有限性,有节制地使用自然资源,利用先进科技手段降低损耗、提高现有资源的利用效率。人对自然万物不应是简单的利用关系,而应该尊重自然、顺应自然、热爱自然,考虑到子孙后代的长远利益,可持续地利用自然,强化个人的生态社会责任感,遵循和谐社会基本的行为准则。要凸显可持续发展理念下的主体性,充分发挥主观能动性保护生态环境;"知行合一",将科学生态知识内化为生态素养、体现于个人言行举止和社会活动中,善待自然万物,善待他人;践行"人类命运共同体"理念,与其他民族和国家携手,共同走上全球生态治理之路。

(二)积极创设生态文化环境和土壤

1.注重生态文化建设

培育生态素养提升的优良土壤,加快建设社会主义生态文化体系。生态文化是从社会上层建筑角度提出的和谐社会构建新要求,是生态文明建设中的重要组成部分。生态文化又是科学生态哲学观指导下的社会意识形态,体现于人类精神和社会制度的方方面面,是尊重生态、爱护自然的生态化的生产方式和生活方式,是人与自然、人与人和谐相处的文化。注重生态文化是我国社会主义生态文明建设的重要组成部分。

2.强化生态理念渗透

现阶段我国社会主义生态文明建设的紧迫任务就是加快构建生态文化体系,在此过程中,社会主义先进生态文明思想在各领域的渗透已经为"生态人"的培育提供了肥沃的社会文化土壤。"绿水青山就是金山银山""和谐共生""绿色发展""人类命运共同体"等先进理论、理念符合民情民意,体现了生态文明建设理论体系的科学性和长远眼光。生态可持续和"绿色发展"理念在生产生活各领域得以应用,广大民众生活环境的改善和经济文化水平的提升,都彰显了先进生态文明理念的现实教育功用,使得生态知识和理念深入人心,为进行生态素养教育创造了有利条件,社会生态文化和生态型社会意识形态正在形成,中国特色的生态素养提升策略已经发挥了强大实效。

二、培养生态社会责任,提升生态伦理素养

(一)生态伦理素养首先以生态良知为重

中国传统生态文化一贯强调人与自然的绝对联系,倡导关爱生命的生态良知。人类在与自然的和谐相处中,逐渐认识到自身与自然生存论上的紧密关联,由此会产生热爱自然、保护自然的自愿、自觉,这就是生态良知。《诗经》等先秦典籍中就有不少体现人们的生态良知的作品,儒家思想中更强调保护自然、热爱万物的"善"的生态伦理。

我国生态文明建设中也始终倡导对自然的关爱,激发人们爱护大自然的"善",在良知的基础上培养基本的生态伦理素养,培养对自然的积极情感和"善"的同理心,引导人们认识人与自然一体的绝对联系,形成质朴睿智的自然观和科学生态伦理,以及保护自然的自觉性。

(二)生态伦理素养还应体现为生态可持续理念

人类依赖自然生存,必须尊重自然规律,正确认识到自然资源的有限性,并学会解决有效的资源与无限的需求之间的矛盾,形成适度需求、合理利用的生态可持续发展理念。因而,我国生态文明建设中明确指出要保护资源、节约利用、合理开发,维护自然生态系统的完整与稳定,以可持续眼光和对子孙万代负责的态度对待自然,这都是生态伦理性的重要体现,应该渗透于日常生活的方方面面。

(三)多方联动层层推进,培养公民的生态责任感

生态文明建设需要全社会力量共同参与。要加强生态建设各领域的互通与合作,积极探索政府主导、企业和社会各界参与的市场化运作模式,推进重大生态环境问题的对策研究和成果转化,为科学决策和精准治理提供科技保障,力求多学科、多渠道共同寻求解决生态问题的途径。同时,各领域共同推动生态文明建设的实践中,还要影响、提醒、督促、培养更多的"生态人"积极参与、共同担负起提升公民生态素养的社会责任,共同参与和谐社会构建。在我国,生态文明建设方针政策的贯彻与传播实现了生态素养教育的第一个层次,主流话语体系中生态文明思想的广泛传播是推动社会生态意识形成的第二个层次,国家立法和制度保障形成社会约束是生态素养教育的第三个层次,三个层次循序渐进、形成合力,不断完善人们的生态素养。

三、重视实现道德内化,形成生态情感素养

实施生态素养教育的关键还在于生态意识培养与道德内化教育,只有传达生态道德相关知识,使人们对自然万物产生积极美好的情感,才能让人

们真正从思想上积极实施生态言语和行为,并使其具备可持续性。20世纪80年代到90年代兴起的生态素养研究提出了"生态福祉"的概念,生态语言学家斯提布受其影响,在进行生态话语分析、论及个人生态哲学观"生活"时,明确提出"wellbeing"要素,以倡导生态情感素养。

"wellbeing"被我国学者译为"福祉",与我国传统文化和社会主义生态文明建设中强调的为人民群众谋"福祉"的理念相通。我国生态文明建设历来重视民众生态情感的培养,充分认识到生态情感在具体生态实践中的主导作用,实现人民美好生活更是我国社会主义生态文明建设的目标。习近平总书记提出了"良好生态环境是最普惠的民生福祉"的基本民生观,指出"民之所好好之,民之所恶恶之。环境就是民生,青山就是美丽,蓝天也是幸福。……要坚持生态惠民、生态利民、生态为民,重点解决损害群众健康的突出环境问题,加快改善生态环境质量,提供更多优质生态产品,努力实现社会公平正义,不断满足人民日益增长的优美生态环境需要"①。发展经济与保护环境归根到底都是为了民生,只有进行生态保护,施行绿色发展理念,才能真正满足人民日益增长的优美生态环境的需要;只有走适合我国国情的绿色发展之路,大力发展绿色产业实现传统产业的顺利转型,才能使人民获得真正的实惠,由衷地产生绿色发展和可持续发展理念的深刻认知与积极情感。

因此,要加大先进发展理念的宣传力度,实现生态道德内化,让绿色理念渗透到社会经济的方方面面,使生态文明建设与每个公民息息相关、紧密相连,从而提高人们的主人翁意识和责任感,致力于生态文明建设并从中获益。

---

① 习近平.推动我国生态文明建设迈上新台阶:在2018生态保护大会上的讲话[J].求是,2019(3):4-19.

四、发挥主观能动性，多措并举培养生态行为素养

（一）践行科学行动观

生态文明建设要做到"知行合一"。新时代，要在拥有科学生态哲学观和深厚生态知识的前提下，努力践行涉及衣食住行全方位的绿色生产方式和生活方式，通过绿色生活方式革命倒逼生产方式的绿色转型，从而实现人的全面发展，完成从"社会人"到"生态人"的转变。

我国生态文明建设的主体都是"生态人"。全体公民都肩负着保护自然、实现社会可持续发展的重任，共同追求人类生态福祉。因此，生态保护者同时也是受益者，谁保护谁受益，每个人都不能置身事外，需要从"我"做起、自觉参与生态行动，肩负起生态保护的责任与使命，主动实施生态保护行为；要树立红线意识，做到有所为有所不为；要培养自觉意识，注重在潜移默化中营造社会生态氛围，使生态行为从被动到自觉，使民众的生态素养从精神自觉转为行动自觉。

（二）培养主观能动性

维护生命多样性、维持地球生态系统的平衡以及保障人类发展的延续，是"生态人"的光荣责任和担当。习近平总书记指出："生态文明是人民群众共同参与共同建设共同享有的事业，要把建设美丽中国转化为全体人民自觉行动。每个人都是生态环境的保护者、建设者、受益者，没有哪个人是旁观者、局外人、批评家，谁也不能只说不做、置身事外。"①因此，生态素养教育中除了传授各类生态科学知识之外，还要培养和激发民众的主观能动性，使

---

① 习近平.推动我国生态文明建设迈上新台阶：在 2018 生态保护大会上的讲话[J].求是，2019(3)：4-19.

他们自觉接受生态可持续教育,共同参与生态文明建设事业。

生态教育应以生态意识培养为先,重视培养公民的生态责任感和自觉性。通过政策引导、社会宣传增强节约意识、环保意识和生态意识,这样才有助于实施有效的生态行动;还要坚持以人为本,将绿色可持续发展理念渗透到社会生活的方方面面,在衣食住行中得以贯彻和体现。倡导绿色生产方式和生活方式,使人们认识到绿色生活必然会推动生产方式向绿色转型;全社会要积极创设有利于人们生态意识产生的人文环境和文化土壤,通过机构、家庭、学校等各级各类单位组织开展绿色活动,循序渐进地渗透至人们生活的方方面面,使生态文明观在人们的思想意识中扎根,进而由精神自觉转为行动自觉。生态素养教育应该使人们从反思破坏生态的行为转为从思想上重视生态文明,最后发展到主动接受思想教育、主动实施保护生态的行为,充分发挥"生态人"的主体性和主观能动性,进而成为生态文明建设的中坚力量。

(三)提高科技文化素养

提升生态人的科技文化素养,积极运用先进科技手段有效利用自然、增强生态行为效用和积极影响。

人类世时代,科技的迅速发展使人们利用自然的深度和广度不断拓展,方法和手段不断提升,也因而造成生态环境的极大破坏。在我国社会主义生态文明建设中,"生态人"的培养还应在树立科学的生态哲学观前提下,在掌握丰富的生态知识和生态伦理知识的基础上,引导人们重点关注如何利用现代科技改善人与自然的关系,使科技成为生态保护的得力助手。在动员全社会参与生态活动的同时,利用先进科技手段达到更高效地利用资源、保护自然生态的目标,这样才能有效解决有限的资源与无限增长的人类需求之间的矛盾,提高生态文明建设的专业化水平。

本节重点讨论了"生态人"培养及生态素养提升的路径与具体内容。我们也看到,培养"生态人"是一个长期过程,生态素养的内化过程具有持续性和渐进性特点。"生态人"的生态思想意识处于不断深化的过程中,培养"生态人"需要逐步推进。尤其需要重视的是,"生态人"掌握的生态知识和生态道德伦理都需要在社会生态实践中加以验证、深化、内化,这样才能逐渐形成生态意识、逐步提升生态素养,引导形成大众的生态文明意识、构筑主流意识形态。因此,我国生态文明建设有鲜明的可持续性,应循序渐进地进行"生态人"心智方面的可持续教育,为其创设有利的生态文化社会环境。

第四节　我国生态素养教育路径分析

党的十八大报告中指出,要加强生态文明宣传教育,增强全民节约意识、环保意识、生态意识,营造爱护生态环境的良好风气。我国社会主义生态文明建设的新理念、新政策,是新时代马克思主义"人的全面发展"理论的科学践行,倡导加强民众生态可持续教育,培养科学的生态理念和良好的生态素养,养成生态美德和生态伦理。这些先进思想和理念已经在我国生态文明建设中得以实践,并初步形成提升公民生态素养、培养"生态人"的有效路径,体现为以下步骤。

反思:引导人们反思不同社会和历史阶段对自然的破坏行为的严重后果,培养马克思主义生态史观,形成"生态人"关于人与自然关系的科学认知。

教育:用中国传统生态哲学和马克思主义生态思想与理论教育人民,使人们认识到人与自然的合一性及自然资源的有限性,改变小农经济落后观念下"人定胜天"、人与自然对抗的思想观念以及以往粗放型经济发展方式带来的"经济至上"的错误思想,普及生态知识,进行生态道德伦理教育,培养形成"生态人"尊重自然、顺应自然、热爱自然的积极情感。

培养:培养"生态人"作为我国社会主义生态建设主体的生态意识和生态思维方式,形成科学的生态哲学观、全面提升生态素养;同时突出"生态人"在生态环境中的主体性和责任感,提高生态行为的主观能动性,将被动参与转化为主动自觉和行为自律,在全社会形成积极参与生态保护且目标明确的良好局面。

强化:通过政府机构广泛宣传和各类媒体全方位渗透与强化,实施全民生态素养教育,号召全体公民共同进行美丽中国建设,培养更多的"生态人"。

一、生态素养的社会教育路径探析

这种"反思—教育—培养—强化"的生态素养教育路径,正应用于我国社会主义生态文明建设,在社会教育层面体现为以下途径。

(一)坚持生态教育的问题导向、实践导向

1.以解决各类生态危机为问题导向

习近平总书记多次强调,建设生态文明,关系民生福祉,也关乎民族未来。① 进入新时代后,民众比以往更热切地期盼早日解决生态问题、提高生态环境质量。我国疆域辽阔,生态国情十分复杂,东西部生态环境差异悬殊、生态治理水平发展不均衡、生态问题区域性特征明显等情况都使生态问题更为多元,解决问题的难度更大,需要从挖掘根本原因入手,运用系统思维实现标本兼治。生态文明建设过程中,党和国家已经充分考虑到各地不同的生态现状,提出一系列系统性、有针对性的重要举措,对生态教育主体也提出了具体的实践要求,对提升其生态素养有积极的指导意义。这与生态语言学以解决生态问题为基本导向的研究路径相契合,从长远来看,是最具有效性和可持续性的治国方略。

2.坚持生态素养教育的实践导向

生态文明建设体现在各类生态有益性实践中,这些自然生态有关的实践则是传播生态文明理念、强化生态环保意识和科学生态道德伦理的重要途径与手段。我国生态文明建设中一贯坚持实践导向,致力于解决各种全

---

① 中共中央文献研究室.习近平关于社会主义生态文明建设论述摘编[M].北京:中央文献出版社,2017:5.

新的生态问题,以实现人民对良好生态环境的向往和对美好生活的需求为己任。例如,绿色可持续发展理念引导人们重视生态环境保护、考虑子孙后代的"福祉";"绿水青山就是金山银山"理念则在现有国情下提出了一条发展经济与生态保护并行不悖的独特发展之路,为人们追求幸福生活奠定了坚实的基础。这些科学发展理念都已经在我国生态实践中发挥了巨大的指导作用,成为经受了实践检验的科学理论,也让民众建立了可持续发展的科学认知,认识到尊重自然规律、热爱自然与保护自然的重要性。这就使生态素养教育从理论到实践、从思想到行为得到全方位实施,对培养"生态人"对自然、对社会、对他人乃至世界的责任感和道德感,在生产和生活中努力践行绿色可持续发展理念起到了关键性的引导作用。

3.变革新时代生态素养教育实践方法

(1)加强生态导向媒体宣传

进行广泛的思想引导和生态教育,加强生态教育渗透力度,利用传统媒体在民众中进行生态政策宣传和主流社会舆论引导,广泛传播生态文明理念,在全社会形成可持续的主流生态文化;充分利用各类网络终端和软件等新媒体手段拓展受众范围,尤其是在青少年群体中加强宣传引导,培养新时代生态建设主体的生态文明意识。

(2)促进公民生态文明实践

在社会宣传的基础上,增进公民生态环保行为的自律自觉,以丰富的生态知识为指导,有目标、有方法地展开生态活动;同时,注重提升活动的趣味性和体验性,使人们真正获得科学的生态认知,建立生态知识经验与生态实践之间的强连接,拓展实践活动空间,丰富生态实践形式,变革绿色生产方式和消费方式,在生产活动中加强绿色可持续教育。搭建绿色生态体验平台,建设更多的环保教育实践基地,设计更丰富的体验式生态活动,提供更多的生态有益性活动机会,使绿色生产方式和生活方式深入人民生活。

事实证明,新时代生态文明建设主体的培养必须坚持实践导向,提高实践质量,促成更多的生态行为,将生态思维方式真正融入人民生活,成为普遍的生活方式和生活习惯,这样才能真正实现社会的绿色可持续发展。

(二)加强生态素养教育制度保障

党的十九大以来,随着我国生态文明建设的推进,生态建设的制度化、标准化、法治化的深入开展,社会文化领域中"绿色""生态""和谐""绿色发展""可持续发展"等词语已深入人心,生态道德约束逐步加强,为有效实施生态素养教育提供了生态文化土壤。我国古代很早就把关于自然生态的观念上升为国家制度,近年来党和国家不断突出法治和政策对生态发展的保驾护航作用,强调"保护生态环境必须依靠制度,依靠法治。只有最严密的法治,才能为生态文明建设提供可靠保障"①。各项政策和实践目的也更加明确、具体、多元。

1.完善相关法律

组织、修订、完善环境保护相关法律法规,强化公民的生态保护意识,加强生态环境保护的法治与监督工作,在全社会形成毁林烧荒等破坏生态环境的违法行为必须严肃查处的生态意识。

2.加强监督落实

在监督落实相关政策的基础上,重点培养民众生态保护的主人翁意识和道德责任感。各级相关政府单位紧抓责任落实,实施地方生态环境保护责任和监督责任,将生态治理成效纳入政绩考核并建立领导干部追究制度,

---

① 中共中央文献研究室.习近平关于社会主义生态文明建设论述摘编[M].北京:中央文献出版社,2017:99.

对生态破坏行为负责到底；强化约束的同时加大激励力度，落实企事业单位环境保护方面的主体责任，并鼓励其作为生态实践主体积极组织参与环保活动，确保生态文明思想在基层落实、在民众中生根。

3.革新考核体系

以"生态优先、绿色发展"为导向，革新和完善经济社会发展考核评价体系，从而转变长期以来的落后发展观念，改变"人定胜天"的陈旧思想。不再以单纯的经济增长率为衡量成功与否的唯一标准，而是建立多元化考核体系，把资源消耗率、环境损害度和生态效益等作为衡量指标纳入考核评价，从根本上培养人们保护生态与发展经济并重的可持续发展理念。

4.提升治理水平

以科学技术和科学指标体系提升治理水平，培养民众利用科学生态知识进行精准治理的意识，使其充分认识到科学的衡量标准和先进技术保障在生态治理和生态修复中的重要性，摈弃无目标、无方法的盲目实践行为。要在综合研判生态国情和各地生态特征的前提下，积极落实科学化、标准化、精准化治理手段和指标体系，多领域精诚合作加强生态重大问题研究，共同提升生态治理的科学性和有效性；确保生态保护和应对措施更加精准，在大气治理、水土保持、退耕还林还草、河湖湿地生态保护修复等方面明确要求。细化生态指标、实现量化治理；使用大数据、云计算等智能技术，开展全国生态环境监测数据联网共享，为生态治理提供强大的科学技术支持。

在这一系列建设中，我国生态保护和治理的成效已直观显现，进一步强化了人们对生态保护重要性和生态治理科学性的认知。

（三）重视生态素养教育的可持续性

在生态建设主体素养提升的动力机制中，制度革新与思想引领缺一不可。我国的生态文明建设不仅要进行有针对性的局部应急与治理，更重要的是进行思想引领、扩大治疗面、注重预防治理，从而在全社会进行生态可持续教育，引导民众形成正确的生态伦理和道德观念、提升生态素养，以从根本上解决生态问题。

1.生态可持续教育的内容拓展

生态可持续教育不是局部性、应急性、补救性的教育，而应该对教育内容极大拓展，从人与自然的深层关系以及人类对自身定位方面入手，分别针对个人层面与社会层面进行教育。

（1）个人层面

传授生态知识，培养生态意识。培养民众形成符合我国社会现实的"和谐"生态哲学观，形成对自然的系统认知与整体生态思维方式，追求和谐绿色的生产方式和生活方式。这是生态可持续教育的重要培养目标之一。在我国目前的生态文明建设中，"和谐"生态哲学观已经在生态实践和生态教育中发挥了重要作用，也成为个人层面生态可持续教育的重要依据和参考。

（2）社会层面

培养系统思维和全局意识。倡导生态治理方法的全局性、整体性，比如生态治理需要统筹兼顾、治标治本，不能"头痛医头，脚痛医脚"，还要重在预防。比如，要从全人类长远利益出发，放眼全球生态治理，运用"人类命运共同体"理念谋求解决全球性生态危机的有效方法。生态可持续教育还强调生态治理的针对性特征，使民众认识到需要针对不同地区的生态差异提出个性化、系统化的解决方案；还要在顶层设计、全面部署的基础和前提下，充分考虑各地生态现状与经济社会文化发展状况，创新体制机制，提出科学有效的生态保护路径。

这些保护生态的方法与策略，都应该是生态可持续教育中需要重点拓展的内容。为此，需要丰富民众的生态知识、引导民众的生态认知，使他们更加自律自觉,从而培养更多有较强的主体性和主观能动性、能对不当行为做出调整的"生态人"。

2.生态可持续教育的形式创新

生态可持续教育还应该立足时代发展,在现有的生态素养教育模式基础上实现形式创新。除学校、社会组织等传统教育阵地外,还应该充分利用互联网时代便捷的信息传播平台和工具,建立适应时代发展与民众需求的生态文明可持续教育网络阵地,革新公民生态认知传统教育模式,借助传统媒体和新媒体的广泛宣传,综合多种网络互动平台打造生态教育新媒体矩阵,以民众喜闻乐见的形式传播生态思想和生态文化,在社会上形成庞大的生态知识网络,并逐步实现向社会各领域的辐射,创建有利于生态文化形成的优良环境,在潜移默化中推动民众形成生态思维方式,真正提升民众的生态素养。

3.生态可持续教育的实际作用

从生态语言学角度看,生态可持续教育在生态文明建设中必然发挥重要作用。

(1)个体参与者精神层面提升

生态可持续教育能够激活参与者"人与自然和谐共生"的传统生态伦理认知图式,引发强烈的生态意识共鸣,形成对自然的积极情感与同化认知。通过生态教育在全社会传递科学的生态价值观,能有效引导人们在生态系统可持续发展中发挥主观能动性,从而建立科学的生态哲学观,成长为"生态人"。

(2)社会生态意识形态作用于生态建设实践

生态文明建设主体在生态素养水平提高、掌握了更多的科学生态知识和方法后,就能充分探索更科学的生态问题解决办法,进一步提升解决生态问题的能力,使生态理念在社会实践各领域渗透,使发展经济与保护生态并行不悖,走出一条有中国特色的生态可持续发展之路。

二、生态素养的高校教育路径探析

面对全球生态危机,在生态建设中进行生态文明教育、积极探究本土化生态素养提升路径成为重要任务。高等学校承担着为我国社会主义现代化建设输送有用人才的重要任务,在生态素养教育中是十分重要的一环。

本部分将从我国生态文明建设未来的主力军培养入手,探索高等学校大学生生态文明教育的主要路径。

(一)高校生态文明教育的重要性

1.公民生态身份构建的重要意义

生态文明教育是生态文明建设中加快构建生态文化体系的基石,也是关乎国家命运和民族未来的重要工作和系统工程。"生态人"作为我国社会主义生态文明建设的主体,是生态文明体系得以建立并正常运转的前提。生态文明教育的目标就是将广大公民培养成为"生态人",即能够关注、了解、认识生态与环境问题,并拥有解决生态问题的态度和动机、知识与技能的人。从生态语言学角度来讲,就是要在个体认知、人与自然关系认知、生态意识与生态行为等方面形成自觉,能够正确认识个体在生态系统中的地位,关注人类赖以生存的生态系统,反对生态系统破坏性言语与行为,通过学习增强生态相关知识、提高保护自然的技术水平,增强对自然界的尊重意识与关爱意识,并以这些思想与认知指导生态实践。

"生态人"的培养是我国社会主义生态文明建设得以顺利推进的动力机制和重要保障,必须通过生态文明教育使公民的非生态化行为得以约束,培育其高水平的生态文明意识和生态动机,使人们对生态保护的理解上升到哲学伦理层面,从被动治理变为主动思考,以保护生态环境并防患于未然。

生态身份构建强调丰富生态体验。生态素养理论认为,实践能力是生态素养的基础。生态文明理念应重视实践,生态文明教育还需要努力创造条件确保公民的生态意识在生态实践中得以落实,通过各类生态体验使生态思想意识强化为生态保护行动意识,并直接作用于各类生态实践。生态语言学家斯提布指出,生态身份能使人们从个性、价值观、行为与自我意识方面识解自我与自然关系的不同方式,有助于人们关注生命赖以生存的更大的生态系统,增强对所有生命形式的尊重和关爱,并且更重要的是付诸行动。① 生态身份构建成功后,会通过世界观、社会价值观等直接或间接影响人们的生态实践,使人们在思想意识上反对各种生态滥用,并在明确的生态动机驱动下实施生态行为,进而从根本上解决生态问题,实现人与自然的和谐共生。

总之,生态文明教育要循序渐进,实现对"生态人"的"知识理论层面—态度动机层面—言语行为层面"全面提升的培养目标。

2. 大学生"生态人"身份构建的重要意义

高校学生作为未来生态文明建设的生力军、主力军,是现阶段生态文明教育的重要对象,必须充分重视大学生群体在社会"生态化"过程中的特殊地位和关键作用。

（1）作为生态建设者的层次特征

根据地位与分工的差异,社会成员可分为决策层、决策实施层、决策监督层和公众层四个层次,各层次社会成员行为能力的辐射面不同,对社会生

---

① Stibbe A. Ecolinguistics: Language, Ecology and the Stories We Live by[M]. London: Routledge, 2015: 114.

态文明建设影响也不同,而社会生态化的实现很大程度上取决于决策层和决策实施层这两部分人群。①

大学生将成为未来生态文明建设的主力军,是理所当然的决策层和决策实施层,他们丰富的生态知识、对人与自然关系的科学认知、对社会"生态化"的态度与动机以及相应的生态实践能力等,都将对生态文明建设的决策导向和准则制定产生重要影响。他们的生态素养能够借助言语行为体现其科学的生态哲学观,传达相应的生态知识与认知,并影响到更多民众的生态实践,因此对我国可持续、"生态化"社会发展具有重要影响。

(2)大学生群体生态教育的重要性

大学生群体的生态文明意识、生态道德伦理观念、生态知识结构及生态行为实践等都影响到现阶段和未来我国生态文明建设的水平,他们对人与自然关系、人与生态系统中其他要素的认知,对我国社会主义生态文明建设的态度、积极性、主动性等,都将对和谐社会构建产生深远影响。

因此,通过社会主义生态文明教育,将大学生锻造成具有科学的生态哲学观的有用之才,以"人与自然和谐共生"为价值目标,充分认识到个体的生态伦理道德责任和所肩负的生态文明建设的使命担当,真实有效地提高其生态素养,才能促使其积极投身于生态文明建设实践,并在生态相关行为中做出正确选择,真正成为具有鲜明生态意识的科学决策者和生态践行者,成为真正意义上的"生态人"和社会主义生态文明建设的合格生力军。

3.高校作为生态文明教育主阵地的关键性

首先,高等学校承担着为社会主义生态文明建设培养和输送人才的重任,也应该在生态文明建设人才培养中有所担当,明确人才培养的生态价值

① 李朝晖.生态系统理论视觉下高校社会生态人的培养[J].中国成人教育,2016(23):67-69.

与方向,为生态建设提供服务支撑。

其次,高等学校具备培养"生态人"的有利条件。高校拥有优良的教育基础设施,在教育特性、教育目标、教育场所、教育师资、教学组织和人才培养体系等方面都具备良好的基础,能够便利地开展生态教育,必须善加利用。尤其是在国家大力推动思想政治教育的社会背景下,必须通过生态文明教育使大学生普遍认识到生态文明建设是关乎国家命运和人类前途的大事,从而主动积极地接受生态教育,在各类活动中实践生态理念,不断拓展生态知识、提升生态素养,不断完善科学的生态哲学观,并能够不断体现于解决生态问题的行动中,成为真正满足社会主义生态文明建设需要的"生态人"。

(二)目前高校生态文明教育中存在的问题

针对高校的多项调查研究显示,目前高校生态文明教育体系缺失现象较为突出,普遍缺乏生态文明教育体系的整体规划和顶层设计,生态文明教育中未能贯彻系统思维和生态思维;大学生具有一定的生态意识,但生态科学知识较为匮乏、生态实践活动参与不够积极。总体而言,目前高校的生态文明教育还存在较大的提升空间。

1.学校层面

(1)缺乏生态复合型人才培养意识,生态文明教育体系的整体规划不完善

2019年,中共中央、国务院印发《中国教育现代化2035》,对学校充分发挥文化育人的功能加以强调,要求加强大学文化育人功能,以社会主义核心价值观为引领,弘扬爱国主义与民族精神,培养科学精神和人文精神,不断提升思想政治教育水平。在这一过程中,将生态文明思想融入思想道德建设是非常重要的一环,其对大学生科学生态哲学观和道德价值观的培养至

关重要。高校要在教育学生充分认识生态系统平衡发展的重要性和个体在生态系统中重要作用的前提下,通过自然、社会、审美、实践等方面的系列教育教学活动实现人与自然和谐共生的总目标,加强实践性、体验性生态教育及活动。这就需要坚持生态思维和系统思维,将生态教育融入思想道德教育和专业课程体系,进行整体规划和顶层设计,促成大学生态道德文化教育与复合型人才培养的有机融合,促进大学生的全面综合发展。

但总体而言,目前大多数高校尚未构建科学的生态文明教育体系。教育教学规划中没有体现生态取向,也未能将生态科学知识和生态思维融入专业课程教学体系,生态文明教育仍呈现零星化、碎片化特点;在生态文明建设主体"生态人"培养方面存在明显的意识缺失,复合型人才培养目标中也未体现生态素养。

(2)生态类课程设计缺位,未融入生态思想与专业生态知识

在国家大力推动高校思想政治教育的背景下,作为思想政治教学的重要组成部分,科学系统的生态知识与生态文明思想未能有效融入课程体系,专业必修课程和通识选修课程中生态相关内容少,一定程度上造成学生对国家生态文明建设关注度低、生态行为主动性差、生态动机薄弱、生态科学知识储备不足及知识结构不合理、生态实践意识欠缺等现实问题,在生态文明建设主体的素质方面没有抓牢。

(3)实践教学体系缺乏生态思维,学生实践参与度低

大学实践教学体系是培养复合型人才、提高人才综合素质的重要一环,在专业理论教学的同时,积极培养大学生的生态文明思想意识,强化其积极投身生态建设的主人翁意识和社会责任感十分必要。但目前,绝大多数高校的实践教学体系中参与类、体验类生态实践少,导致学生实践参与意识不强,对生态保护没有形成切身感受而观念淡薄,这对大学生生态素养的整体提升十分不利。

（4）生态型师资缺乏，教育目标实现有难度

师资力量及水平是人才培养的重要影响因素。目前，大部分高校教师的生态素养不高，因而在教学中未能有效引导学生培养生态意识，也未能有效实施生态类教学活动或体验项目，从而阻碍了教育目标的实现。

2.学生层面

（1）生态科学知识匮乏导致对生态保护认识不足

可以看到，目前绝大多数大学生没有形成科学的生态哲学观。生态哲学观是对人与自然关系、自然界中万事万物关系的生态认知，是系统性的生态认知与价值观念的总和。总体而言，大多数大学生因为未接受系统完整的生态教育，缺乏必要的生态知识。比如对目前全球较为严重的生态危机现状及生态问题种类不够了解，更不知道我国的生态国情及生态文明建设面临的困境，对于当前频发的极端天气、气候变暖、水土壤大气污染等问题的严重后果及其原因都没有深入思考与探究，也不了解生态危机除自然生态危机外，还包括语言方言、地域文化消失等社会文化危机。此外，大学生对于已有的生态保护性措施不够了解，甚至不知道世界环境日、世界气象日等特殊节日；对于人与自然关系中人类的主体性没有科学认知，仍秉持一种人与自然分离甚至对抗的思想意识；对生态治理中科学技术应该发挥的重要作用认识不足；等等。这些都表明高校加强生态文明教育具有紧迫性。

（2）生态意识薄弱导致生态实践参与低

生态知识的匮乏也造成了生态意识薄弱，多数大学生对如何实施生态环保行为没有科学认知。尽管大学校园中有社团发起了一些环保行动，包括垃圾分类、节约用水电及纸张、不浪费食物、不使用一次性餐具等，但大学生普遍在思想上不够重视。

由此可见，目前高校生态文明教育仍存在诸多突出的问题，这也是我国生态文明建设中必须直面的困境。

(三)高等学校生态教育路径与策略

高等学校应该秉承生态思维和系统思维,进行生态文明教育规划,构建完整的生态教育体系。其中,系统的生态科学知识是基础,科学的生态文明意识和生态哲学观是灵魂,对自然丰富的生态情感和伦理是动力,良好的生态实践意识和生态行为是追求。从规划、设计到实施,各方面齐抓共管、齐头并进,才能夯实高校生态文明教育基础,有力推动和谐社会构建。

在实施路径和具体策略上,要以提高生态知识学习能力、生态理解能力、动手实践能力和生态语言行为能力为目标,做到内化意识、外强能力,构建科学系统的生态文明教育体系,确保全面的生态思想和知识教育;将生态教育融入思想政治教育,将生态科学知识融入专业课程教学体系,积极拓展受教育面,将生态教育融入第二课堂等社会实践活动,力求将微观的课堂教学与宏观的社会实践教学相结合,积极打造社会性生态体验活动平台。

1.课堂教学平台构建思路

(1)运用系统思维进行生态教育体系整体规划

首先,实现生态文明课内教育顶层设计方面的统筹兼顾。高校应该明确生态文明教育在培养社会主义合格建设者和可靠接班人中的重要意义,运用生态思维和系统思维,秉承生态教育先进、科学、高效、优质的教育理念,注重生态文明教育体系内部各要素的沟通与合作;明确第一课堂和第二课堂在生态型复合人才培养方面的作用,以实现微观课堂教学系统的效能最大化;将生态教育理念、观点、理论、方法等融入专业课堂教学,建立系统科学的课程体系和丰富多彩、生态取向鲜明的教学系统;确保组成教育活动系统的教师、学生、课堂、实践、教育内容与方法等各生态要素形成有机的教育生态链,使学生的生态素养在和谐的教育环境中得到全面可持续提升,成长为拥有鲜明生态意识和生态行为能力的复合型人才,以满足生态文明建设的需求。

其次,建立相应的科学生态文明教育评价体系。生态意识的培养是渐进的过程,必须通过改进评价方式和激励机制,促使大学生生态素养持续提升。应该不拘泥于传统的考核方式,安排灵活多样的过程性考核方式和实践评价体系,更新生态教育质量评价指标,以大学生的生态认知水平、生态伦理情感和生态言语行为等作为评估的主要内容,采用定量与定性相结合、动态与静态相结合、分析与总结相结合的具体评价方式,在过程性考察中不断调动学生参与生态教学和生态实践的积极性,使生态意识真正内化于心,为今后的生态行为提供原动力。

最后,打破学科壁垒,建立生态型师资培养体系。着力提升教师队伍生态素养,充分发挥高校中生态相关理论学科与技术学科教师的主导力量,拓展他们在生态课程教学体系中的作用和影响面,建立长效的生态教学能力培养机制;将生态师资培养范围拓展至所有学科,强调所有教师在教书育人过程中都要充分认识到生态教育是"立德树人"的重要任务之一,是培养德才兼备的新时代建设人才的重要环节,使他们既在思想上重视自身生态素养的提升,又能在教学中言传身教。

(2)构建课堂生态教学体系科学运行机制

建立以"生态知识培养—生态态度动机—生态道德伦理—生态言语行为"为目标的课堂生态教育体系和运行机制,使大学生形成系统性思维,习得较全面的生态知识。

首先,夯实生态文明教育知识基础。在我国生态文明建设的有力推动下,目前已有近百所高校设立了生态文明相关的本科专业,专业化的生态教育已初具规模。今后还应该继续增加生态素养类课程,构建"专业课+通识课"的生态课程体系。在其他专业中也需要强化生态知识学习和生态伦理培养,比如开设生态文明类通识必修课和选修课,讲授中国传统生态哲学、马克思主义生态学、中国特色社会主义生态文明理论、生态伦理学、生态语言学等专业知识,帮助大学生构筑科学全面的生态知识体系,形成科学的生态哲学观。

其次,强化大学生生态保护法治意识。增设宣传生态保护相关法律法规的课程,在课堂教学中增加生态法治知识,使大学生对生态伦理和环保法律法规有全面认识,形成生态保护的法律意识,以有效约束非生态的言语和行为,从思想上重视生态保护和生态治理。

最后,培养大学生的生态伦理观念和良好的生态道德品质。将生态思想教育融入思想政治教育课堂,全面提升大学生生态素养。提高生态素养是确保大学生成为社会主义合格建设者的重要前提,也是大学生完善自我、实现全面发展的必然要求。因此,高校要将生态文明素养教育融入"思想道德修养与法律基础""形势与政策""职业生涯规划"等思想政治类课程之中,帮助大学生正确认识我国生态文明建设的指导思想、"五位一体"的社会主义现代化建设体系、我国现阶段生态国情及生态困境、中国特色的保护生态与发展经济并行的可持续发展路径等,培养学生的生态伦理观和尊重自然、爱护自然、保护自然的优秀生态道德品质,激发每个大学生的爱国热情、环保意识和生态责任感,使其认识到自己在生态文明建设中的历史使命和光荣责任,并且能够身体力行,实现生活方式和消费方式的"生态化"转变。

综上所述,要通过构建完善以生态相关专业及生态素养类通识课程为基础的课堂教学体系,充分发挥不同学科知识在生态文明素养教育中的作用,通过不同学科知识的有效渗透,实现生态文明教育、思想教育类课程中的协同教学;同时,要对相关课程进行系统性规范,实现生态文明教育各类教学目标的科学设置、教学内容及课时的合理安排,帮助大学生奠定坚实的生态学科基础,传递专业的生态知识,在此基础上培养和拓展大学生的生态实践能力。

(3)构建生态实践教学体系

首先,广泛搭建校内生态体验活动平台,实现第一课堂教学和第二课堂实践的联动。公民的生态建设参与意识和生态实践体验是推进生态文明建设的落脚点,必须确保在生态教育的基础上,积极拓展生态实践活动,实现生态意识到生态行动的转化。因此,高校的生态文明教育要坚持实践导向,加强学生生态实践能力的培养,确保微观课堂教学体系与宏观教育体系有机结合。在进行生态教育的基础上,鼓励大学生积极参与校内外多种形式的生态实践,将生态文明知识与意识外化为生态实践。

其次,积极引入社会资源,丰富校园生态教育活动内容和形式。比如,通过学校团委等学生工作部门引领生态公益服务,邀请环保组织、环保代表人物进校园,以讲座、沙龙等形式传播生态知识、分享生态实践经验,丰富学生的生态体验,进而增强作为未来生态文明建设者的自觉意识和生态责任感。

再次,拓展校外生态教育实践基地,实施生态教育和劳动教育。一方面,通过加强生态社会体验,有助于学生形成科学的生态哲学观,自觉投身生态实践和生态文明建设;另一方面,通过丰富的生态实践,可以有效保障人才培养的德智体美劳"五育"并举,培养全面发展、综合素质良好的复合型创新人才。

最后,引导学生加入环保社团和组织,并能为学校生态教育体系规划提供建议。充分动员和发动学生社团力量,组织生态实践类活动,使生态思想与意识体现于学习生活各个方面,培养学生良好的生态素养和生态习惯。

(4)营造校园生态文化教育氛围

重视高校内部生态文化传播,努力创建绿色校园。积极搭建平台吸引大学生参与生态教育实践活动,通过社团活动、寝室文化节等校园活动吸引更多的大学生参与生态环保行动,践行绿色生活方式和消费方式;充分利用演讲、征文、摄影等比赛或活动宣传生态文明思想,使学生关注环境保护;引导学生利用网络资源学习各类生态知识,为个人的生态实践提供科学指导;打造校园生态宣传新媒体矩阵,配合世界环境日、世界气象日、植树节等相关节日和社会热点,利用学校网站、公告栏、校园广播、微信公众号平台、短视频平台等媒介加强生态教育宣传,强化大学生的生态伦理意识和社会责任感。

2.社会实践教学平台拓展与搭建

生态学家发现,从事与自然密切接触的工作,能促使人们形成与土地相关的特定信念和价值观,即形成"土地伦理",从而对自然环境产生深度关切。人们可以在自然生态实践中满足好奇心并获得乐趣。因此,要特别重视生态主体的生态经历与体验,这在生态素养提升、生态哲学观形成的过程中是非常重要的一环。

(1)与地方政府联动拓展生态活动体验平台

高校应该在校园生态文明教育的基础上,与地方政府紧密联系,积极推进校地合作,搭建生态实践活动平台与生态体验场所,以多种形式拓展室外生态教育,进一步丰富大学生的生态经历与体验,提升其生态意识与素养。

这一设想已经拥有便利条件,具备可行性。近年来,在国家生态文明建设的大力推动下,各地政府都在积极打造地方公共生态文化服务体系。比如湖州安吉,作为"绿水青山就是金山银山"理念的发源地,是生态文明建设的先行者和示范地。2008年,安吉率先在浙江省打造"没有围墙的乡村博物馆",采用"政府主导、专家指导、民众参与"的运营模式,将自然生态、文化生态、社会生态和产业生态等有机融合,以展现地方文化特色为主要内容,打造形成以安吉生态博物馆为中心的"一中心馆、十二个主题馆、多个村落展示馆"的馆群框架,使经济、生态、文化三者相得益彰,发挥了确保自然生态与社会文化生态平衡发展、"保护独特文化、保持生态平衡、提升文化自觉、发展社会经济"的重要作用。此外,在杭州,已建设完成西溪湿地博物馆、气象博物馆、江洋畈生态公园等多个生态实践教育场所。这些都是宝贵的生态文化教育资源,高校应该主动加强与此类地方生态文化服务体系的合作。

（2）在生态体验实践中培养大学生的生态哲学观

高校与地方政府合作搭建广阔的生态活动体验平台，能极大拓展室外教育方式，丰富生态教育实践内容。比如，通过气象博物馆教育体验活动、湿地生态保护活动等强化生态体验，让大学生在实践中习得生态知识和环保知识，增强生态责任感；通过调研采风等实践活动让大学生走进大自然，以体验与互动的形式，亲身参与环保活动的策划与实施，增强生态保护中的主体性。

本章在明确"生态人"培养和生态素养教育之重要性的基础上，从全社会和高等教育两个层面，分析探讨了我国新时代"生态人"培养的目标、内容及生态素养教育的实现路径。在我国社会主义生态文明建设中，培养每一位生态建设主体的生态意识、通过社会教育养成其生态思维方式，具有十分重要的意义。要通过政府引导、社会宣传等有力手段实施全民生态素养教育，培养"生态人"，并引导其发挥在生态环境和生态文明建设中的主体性和责任感，在各类生态实践中形成行动自觉与行为自律。

参考文献

Alexande R，Stibbe A. From the analysis of ecological discourse to the ecological analysis of discourse[J]. Language Sciences，2014(41)：104-110.

Alexander R J. Framing Discourse on the Environment：A Critical Discourse Approach[M]. New York：Routledge，2009.

Crutzen P J，Stoermer E F. The Anthropocene[J]. Global Change Newsletter，2000 (41)：17-18.

Einar H. The ecology of language[G]//Dil A S. The Ecology of Language：Essays by Einar Haugen. Stanford：Stanford University Press，1972：325-339.

Fill A，Penz H. Ecolinguistics in the 21st century：New orientations and future directions[G]//Fill A，Penz H，eds. The Routledge Handbook of Ecolinguistics. London：Routledge，2018：437-443.

Fill A. Ecolinguistics：States of the art[G]//Fill A，Mühlhaüsler P. The Ecolinguistics Reader：Language，Ecology and Environment. London：Continuum，2001：43-53.

Halliday M A K. New ways of meaning：The challenge to applied linguistics [J]. Journal of Applied Linguistics，1990(6)：7-16.

Halliday M A K. Applied linguistics as an evolving the me[G]//Webster J.

Language and Education, vol. 9 in The Collected Works of M. A. K. Halliday. London:Continuum,2007:1-19.

Halliday M A K. The Collected Works of M. A. K. Halliday[M]. London: Continuum/Beijing:Peking University Press,2003/2007.

Haugen E. The ecology of language[G]//Dil A S. The Ecology of Language: Essays by Einar Haugen. Stanford: Stanford University Press, 1972: 325-339.

Lakoff G. Don't Think of an Elephant! Know Your Values and Frame the Debate:The Essential Guide for Progressives [M]. Vermont: Chelsea Green Publishing,2004.

Lakoff G. Women,Fire,and Dangerous Things[M]. Chicago:University of Chicago Press,1987.

Naess A. The shallow and the long range, deep ecology movement[G]// Drengson A, Inoue Y. The Deep Ecology Movement:An Introductory Anthology. Berkeley:North Atlantic Books,1995:8.

Naess A. Ecology,Community,and Life style:Outline of an Ecosophy[M]. Cambridge:Cambridge University Press,1989.

Naess A. The shallow and the deep, long-range ecology movement: A summary[J]. Inquiry an Interdisciplinary Journal of Philosophy, 1973 (1):95-100.

Steffensen S, Fill A. Ecolinguistics:The state of the art and future horizons [J]. Language Sciences,2014(3):6-25.

Stibbe A. Ecolinguistics:Language, Ecology and the Stories We Live by [M]. London:Routledge,2015.

Trampe W. Language and ecological crisis:Extracts from a dictionary of industrial agriculture[G]//Fill A, Mühlhaüsler P. The Ecolinguistics

Reader: Language, Ecology and Environment. London and New York: Continuum, 2001:232-240.

阿尔温·菲尔, 苏内·沃克·斯特芬森文. 论语言的社会文化生态与认知生态[J]. 周文娟, 译. 鄱阳湖学刊, 2016(4):11-18.

博纳德·斯波斯基. 语言政策中的人口因素[J]. 张治国, 译. 语言战略研究, 2019(6):12-18.

曹志耘. 中国语言资源保护工程的定位、目标与任务[J]. 语言文字应用, 2015(4):10-17.

曹志耘. 论浙江方言文化的保护传承[J]. 浙江社会科学, 2021(2):118-124.

常军芳, 丛迎旭. 功能语言学视角下的生态话语分析模式建构:以中国环保部长报告为例[J]. 北京科技大学学报(社会科学版), 2018(4):27-32.

陈红, 孙雯. 生态人:人的全面发展的当代阐释[J]. 哈尔滨工业大学学报(社会科学版), 2019(6):110-115.

陈章太. 构建和谐语言生态[J]. 语言战略研究, 2016(2):1.

陈旸. 生态语言学研究从这里走向世界:第四届国际生态语言学研讨会综述[J]. 中国外语, 2020(1):104-111.

冯广艺. 生态文明建设中的语言生态问题[J]. 贵州社会科学, 2008(4):4-8.

冯广艺. 生态文明建设与语言生态变异论[J]. 中南民族大学学报, 2009(4):149-152.

冯广艺. 语言生态学引论[M]. 北京:人民出版社, 2013.

冯广艺. 谈谈语言生态规划及其原则[J]. 湖南师范大学社会科学学报, 2013(6):14-17.

冯广艺. 新常态下我国少数民族语言生态研究[J]. 湖南师范大学社会科学学报, 2015(5):20-24.

冯广艺. 生态文明建设中的语言生态对策[J]. 贵州社会科学, 2016(2):9-14.

戴维·克里斯特尔. 剑桥英语百科全书[M]. 方晶, 译. 北京:中国社会科学出版社,1995.

董典.新时代新闻话语的多维度生态话语分析[J].外语电化教学,2021(1)：
92-97.

范俊军.生态语言学研究述评[J].外语教学与研究,2005(2)：110-115.

范俊军.我国语言生态危机的若干问题[J].兰州大学学报（社会科学版），
2005(6)：42-47.

范俊军.中国的濒危语言保存和保护[J].暨南学报,2018(10)：1-18.

范海军,马海布吉.生态语言学的概念系统及本土化研究方向[J].广西民族
大学学报（哲学社会科学版）,2018(6)：100-109.

韩军.中国生态语言学研究综述[J].语言教学与研究,2013(4)：107-112.

何伟,魏榕.系统功能语言学及物性理论发展综述[J].北京科技大学学报（社
科版）,2016(1)：120.

何伟,张瑞杰,淡晓红,等.汉语功能语义分析[M].北京：外语教学与研究出
版社,2017.

何伟,张瑞杰.生态话语分析模式构建[J].中国外语,2017(5)：56-64.

何伟,魏榕.生态语言学：整体化与多样化的发展趋势——《语言科学》主编
苏内·沃克·斯特芬森博士访谈录[J].国外社会科学,2017(4)：145-151.

何伟,魏榕.生态语言学的超学科发展：阿伦·斯提布教授访谈录[J].外语研
究,2018(2)：22-26.

何伟,魏榕.国际生态话语之及物性分析模式构建[J].现代外语,2017(5)：
597-607,729.

何伟.魏榕.国际语境下的生态语言学研究[J].北京科技大学学报（社会科学
版）,2018(2)：1-5.

何伟.关于生态语言学作为一门学科的几个重要问题[J].中国外语,2018(4)：
1,11-17.

何伟,魏榕.生态语言学：发展历程与学科属性[J].国外社会科学,2018(4)：

113-123.

何伟,魏榕.话语分析范式与生态话语分析理论基础[J].当代修辞学,2018(5):63-73.

何伟,魏榕.多元和谐,交互共生:国际生态话语分析之生态哲学观建构[J].外语学刊,2018(6):28-35.

何伟,耿芳.英汉环境保护公益广告话语之生态性对比分析[J].外语电化教学,2018(8):58-63.

何伟,高然.生态语言学研究综观[J].浙江外国语学院学报,2019(1):1-12.

何伟,马子杰.生态语言学视角下的澳大利亚主流媒体之十九大报告[J].外国语文,2019(4):1-9.

何伟,安德鲁·格特力.生态语言学的学科属性及其分支生态文体学:安德鲁·格特力教授访谈录[J].北京科技大学学报(社会科学版),2020(1):1-7.

胡振亚,秦书生.生态哲学:可持续发展时代的世界观[J].东北大学学报(社会科学版),2003(4):247-249.

黄国文.生态语言学的兴起与发展[J].中国外语,2016(1):1,9-12.

黄国文.外语教学与研究的生态化取向[J].中国外语,2016(5):1,9-13.

黄国文.生态语言学研究与语言研究者的社会责任[J].暨南学报,2016(6):10-14.

黄国文,陈旸.生态哲学与话语的生态分析[J].外国语文,2016(6):55-61.

黄国文,陈旸.自然诗歌的生态话语分析:以狄金森的《一只小鸟沿小径走来》为例[J].外国语文,2017(2):61-66.

黄国文,肖家燕."人类世"概念与生态语言学研究[J].外语研究,2017(5):14-17,30,112.

黄国文,赵蕊华.生态话语分析的缘起、目标、原则与方法[J].现代外语,2017(5):1-11.

黄国文.论生态话语和行为分析的假定和原则[J].外语教学与研究,2017

(6):880-889,960.

黄国文,陈旸.生态话语分类的不确定性[J].北京第二外国语学院学报,2018(1):3-14.

黄国文.关于生态语言学研究的断想[J].外语与外语教学,2018(1):1-3.

黄国文.微观生态语言学与宏观生态语言学[J].外国语言文学,2018(5):460-471.

黄国文,王红阳.给养理论与生态语言学[J].外语与外语教学,2018(5):4-11.

黄国文,赵蕊华.什么是生态语言学[M].上海:上海外语教育出版社,2019.

黄国文,哈长辰.生态素养与生态语言学的关系[J].外语教学,2021(1):15-19.

黄国文,陈旸.生态话语分类的不确定性[J].北京第二外国语学院学报,2018(1):3-13.

孔江平.中国周边国家语言生态研究的学科范畴和意义[J].暨南学报,2016(6):2-7.

雷蕾.生态话语分析中的生态哲学观研究[J].外语学刊,2020(3):120-123.

潘世松.语言生态伦理的性质及原则[J].南昌大学学报(人文社会科学版),2014(3):151-156.

李国正.生态语言系统说略[J].语文导报,1987(10):54-58.

李国正.生态汉语学[M].长春:吉林教育出版社,1991.

李朝晖.生态系统理论视觉下高校社会生态人的培养[J].中国成人教育,2016(23):67-69.

刘玉梅,王术芬.自然诗歌的生态话语分析:以 Thomas Nashe 的《春》为例[J].外国文学,2019(5):91-97.

刘慧.粤东地区语言使用情况调查分析[J].语言文字应用,2020(3):107-120.

潘世松.语言生态伦理的性质及原则[J].南昌大学学报(人文社会科学版),2014(3):151-156.

石琳.语言生态视域下的方言文化保护与传承[J].中华文化论坛,2017(9):140-145.

谭晓春.和谐共生:生态诗歌的话语分析——以《一个真实的故事》为例[J].外国语言文学,2018(5):506-518.

陶贞安,裴洲司,陈佳璇.国家话语生态研究:新时代的语言学回应——"第一届国家话语生态研究高峰论坛"述评[J].外国语,2018(1):93-95.

滕菲.习近平生态文明思想对人类世时代生态哲学的价值[J].中国人民大学学报,2020(3):43-50.

王馥芳.生态语言学和认知语言学的相互借鉴[J].中国外语,2017(5):47-55.

魏榕,何伟.生态语言学的兴起与多样化发展:"第一届中国生态语言学战略发展研讨会"综述[J].北京科技大学学报(社会科学版),2017(4):38-41.

王宏军.论生态语言学的研究范式[J].外国语文,2019(4):84-89.

王倩,张先亮.语言生态在新型城镇化生态建设中的地位和作用[J].语言文字应用,2015(3):41-48.

肖自辉,范俊军.生态语言学的发展、创新及问题:2006—2016[J].南华大学学报(社会科学版),2017(3):94-99.

肖自辉,范俊军.语言生态监测的多样性计量评估模式[J].学术研究,2018(1):150-154.

辛志英,黄国文.系统功能类型学:理论、目标与方法[J].外语学刊,2010(5):50-55.

辛志英,黄国文.系统功能语言学与生态话语分析[J].外语教学,2013(3):7-10,31.

杨阳.系统功能视角下新闻报道的生态话语分析[J].北京第二外国语学院学报,2018(1):33-45.

赵蕊华.系统功能视角下生态话语分析的多层面模式:以生态报告中银无须鳕身份构建为例[J].中国外语,2016(5):84-91.

赵蕊华,黄国文.生态语言学研究与和谐话语分析:黄国文教授访谈[J].当代外语研究,2017(4):15-18,25.

赵蕊华,黄国文.和谐话语分析框架及其应用[J].外语教学与研究,2021(1):42-53.

赵蕊华.生态语言学视角下中国不同时期生态建设对比研究:以 2001 年和 2018 年《中国日报》生态文章为例[J].山东外语教学,2020(1):33-45.

赵奎英.生态语言学批评与研究的五大动向[J].南京社会科学,2019(8):112-120.

赵丽丽,成汹涌.《爱地球》歌词的生态话语分析[J].大学英语(学术版),2015(1):102-106.

张公瑾.文化语言学视野中的民族语言研究[J].湖北民族学院学报(哲学社会科学版),2003(1):50-53.

张琳,黄国文.语言自然生态研究:源起与发展[J].外语教学,2019(1):26-31.

张先亮.试论"语言生态"的属性特征[J].语言文字应用,2017(4):122-131.

张先亮.城镇语言生态现状研究[M].北京:中国社会科学出版社,2018.

郑通涛.语言的相关性原则:《语言生态学初探》之一[J].厦门大学学报(哲学社会科学版),1985(4):150-157.

周文娟.语言学研究的新视野:生态语言学[J].阴山学刊,2012(1):70-72.

周文娟.现代生态语言学的回顾、反思及本土化探索研究[J].内蒙古工业大学学报(社会科学版),2012(2):56-59.

周文娟.破而后立:语言生态学整合发展论述评[J].内蒙古工业大学学报(社会科学版),2016(2):58-63.

周文娟.中国语境下生态语言学研究的理念与实践:黄国文生态语言学研究述评[J].西安外国语大学学报,2017(3):24-28.

周文娟.论国际语境下生态语言学的儒学范式[J].北京第二外国语学院学报,2018(1):15-32.

周文娟.国外生态语言学在中国的引介述评[J].外语与外语教学,2018(5):21-25.

周文娟. 汉语环保公示语的生态分析[J]. 外国语言文学,2018(5):519-534.

周文娟. 生态语言学研究的新视角:和谐生态语言学[J]. 阴山学刊(社会科学版),2019(2):78-82.

中共中央文献研究室. 习近平关于社会主义生态文明建设论述摘编[M]. 北京:中央文献出版社,2017.

朱长河. 隐喻多样性原则与隐喻研究的生态语言学视角[J]. 山东外语教学,2009(2):102-107.

朱长河. 认知生态语言学:体验哲学视野下的语言研究新范式[J]. 外国语文,2015(5):59-64.